Paris Design

paris/est/à/nous/

Paris Design

Clémence **Leboulanger**

PARIGRAMME

Remerciements

À Julie B. et à Béatrice B. Un mot, un seul : merci.

Pour toute remarque ou suggestion sur ce guide, envoyez-nous un e-mail :
parisestanous@parigramme.fr

Collection dirigée par Jean-Christophe Napias et Sandrine Gulbenkian
© 2005 éditions Parigramme / Compagnie parisienne du livre

Sommaire

Un peu de beauté dans nos vies...

"Design (dizajn ou design) n.m. (mot anglais), discipline visant à la création d'objets, d'environnements, d'œuvres graphiques, etc., à la fois fonctionnels, esthétiques et conformes aux impératifs d'une production industrielle."

Petit Larousse

Vous en avez assez de traîner vos meubles de famille depuis quinze ans, date de votre premier emménagement ? Vous abhorrez le style Confo et le prêt-à-loger du meublé ? Il est temps de changer. Comme les vêtements qui nous "stylent" et nous "signent", les meubles et objets qui habillent notre appartement ou notre studio en disent long sur notre caractère et notre mode de vie. C'est pourquoi il est important de savoir où chercher ces objets, qui personnalisent avec élégance ou humour un intérieur. "Trop design, cette table !" Qui n'a jamais poussé une telle exclamation ? Pourtant, employer le mot "design" comme un adjectif qualifiant un style est une erreur : le design est une "esthétique industrielle appliquée à la recherche de formes nouvelles et adaptées à leur fonction". Et ça fait des décennies que ça dure.

Depuis l'apparition de nouveaux matériaux reconstitués ou synthétiques (la Bakélite, le Formica, le plastique...) et l'évolution des technologies (moulage, PAO) au lendemain de la Seconde Guerre mondiale, nombre d'objets de notre quotidien, de la chaise à la petite cuillère, en passant par le lampadaire ou la bibliothèque sont des "produits du design". Aujourd'hui, où l'heure est au métissage des styles et des techniques, les nouveaux designers, très attachés aux matériaux, se font plus artisans que leurs aînés.

Matières imprimées sans limite, expérimentations technologiques, passion du confort... telles sont quelques-unes des nouvelles tendances repérables dans les nombreuses boutiques de la capitale.

Showrooms d'éditeurs de toutes nationalités, artisans confidentiels ou antiquaires spécialisés dans les années 1930 ou 1970 sont autant d'occasions de découvrir la création. De Saint-Germain-des-Prés aux rues du Marais, en passant par les hauteurs de Montmartre ou le passage du Grand-Cerf… Le Paris Design est à vous !

1

Le mobilier
à l'honneur

> **"N'ayez rien dans votre maison que vous ne pensiez utile ou que vous ne croyiez esthétique."**
>
> William Morris

L e temps n'est plus aux lourdes armoires en chêne, aux lits bretons, aux lampes bêtement halogènes. Place aux matériaux de pointe, aux lignes pures, au baroque revisité...

Made in France

Philippe Starck, notre star nationale depuis le début des années 1980, affiche un palmarès qui en dit long. Relooking des appartements de l'Élysée (1982), canapés avec home-cinéma intégré (Cassina, 2004), presse-citron Juicy Salif (Alessi, 1990), chaise La Marie (Kartell, 2001)... ce touche-à-tout, fervent défenseur du design démocratique, imagine des fauteuils et des tables haut de gamme aussi bien que des objets courants, permettant aux férus de design sans le sou de s'offrir une chaise pour moins de 150 € (éditée par XO). Et cela fait plus de vingt ans que ça dure. Mais il n'est pas le seul en scène.

Le design français aujourd'hui, c'est aussi, entre autres, Christian Ghion, explorateur invétéré de matériaux (du bois au gel), Martin Szekely, adepte de la simplicité et de l'essentiel (auteur du fameux verre Perrier qui est passé entre toutes les mains), Matali Crasset et ses créations colorées pleines de peps (l'hôtel Hi à Nice). Mais aussi Patrick Jouin, auteur de la désormais mythique spatule Nutella, les frères Bouroullec, nommés créateurs de l'année au Salon Maison et Objets 2003, ou encore le duo Garouste et Bonetti et Olivier Gagnère, fans des ornementations colorées.

▶ Les éditeurs

Les éditeurs se chargent de fabriquer les meubles imaginés par les créateurs. En France, ils sont encore peu nombreux. Mais, grâce à quelques téméraires, l'honneur est sauf.

Artelano

54, rue de Bourgogne, 7e. M° Varenne
Tél. 01 44 42 01 61. www.artelano.com
Le lundi de 14h à 19h, du mardi au vendredi de 10h30 à 13h et de 13h30 à 18h45, le samedi de 10h30 à 18h45

Élégance et audace. Samuel Coriat a eu le courage de créer en 1973 la première maison française d'édition de mobilier contemporain. Mais, pour ne pas prendre trop de risques, à une époque où tout se passait de l'autre côté des Alpes, il a choisi un nom à sonorité italienne, contraction de "arte" et de "milano". Depuis trente ans donc, la maison s'alloue les services des plus grands. Au palmarès, on trouve aujourd'hui Christophe Pillet, Particia Urquiola, Piero Lissoni, les trois grandes stars maison, mais aussi Olivier Gagnère avec ses fameux meubles du café Marly. Autant de designers qui, selon le directeur des lieux, ont tous un point commun : la quête de la pureté et de la simplicité des lignes.

WU Gallery

14 bis, avenue Bosquet, 7e. RER Pont-de-l'Alma
Tél. 01 47 05 45 38. www.wugallery.com
Du lundi au samedi de 14h30 à 19h

Hexagonal. Ici aussi la primeur est donnée aux artisans français. Les trois designers – Caroline Bouzinac, Jean-Marc Gady, Mas'oud Nasri – les sollicitent régulièrement pour réaliser leurs étagères, leurs canapés, leurs tables basses qui, chacun à leur façon, jouent la carte du mariage insolite de matières.

XO

Tél. 01 60 62 60 60. www.xo-design.com

Cocorico. Même si XO n'a pas de showroom en son nom à Paris, nous nous devons – chauvins que nous sommes ! – de le mentionner. Créée en 1985 par Gérard Mialet, un ancien de Knoll, cette société

s'offre, dès ses débuts, Philippe Starck au poste de directeur artistique. Et met un point d'honneur, depuis 1995, à proposer des
meubles signés à des prix défiant toute concurrence. L'idée ? Miser
sur le plastique et investir dans un moule en acier dans lequel les
pros de la matière – équipementiers automobiles, fabricants d'em-
ballages alimentaires – la coulent. Résultat le tabouret Bubu, les
chaises Cheap Chic ou Slick Slick sortent à la chaîne des usines
avant de regagner les étals des plus grands showrooms, où ils
seront vendus moins de 150 €. Si ce n'est pas ingénieux...

OBJECTS BY... PHILIPPE STARCK

Starck pourrait être une marque à lui tout seul. Pourtant, jusqu'à
présent, il ne fait qu'imaginer ce que d'autres éditent. Du coup, ce
temple dédié au designer rassemble des créations éditées par les plus
grands (Kartell, XO, Alessi, Driade, Flos) mais aussi des objets
neufs devenus introuvables. Au hasard, la maison en kit dessinée
pour les 3 Suisses en 1994 (2 285 €), le Teddy Bear à plusieurs têtes
(105 €), le téléphone Ola pour Thomson (150 €), la brosse à dents
Fluocaril (35 €)... Et si la boutique n'est ouverte que quelques
heures par jour, le site web lui, fonctionne 24 heures sur 24.
Objects by. 25, rue Montcalm, 18e. M° Lamarck-Caulaincourt
ou Jules-Joffrin. www.objectsby.com
Du mardi au samedi de 14h à 19h

▶ Les créateurs

À Paris, plusieurs créateurs travaillent main dans la main avec des
artisans, dépositaires de savoir-faire ancestraux. La preuve par six.

Christophe Delcourt
12, rue Volney, 2e. M° Opéra
Tél. 01 42 78 44 97
Sur rendez-vous
Ensemblier. Rien ne le prédestinait à devenir l'un des plus actifs
défenseurs de l'artisanat français. Après un brevet de technicien
agricole et quelques apparitions dans des spots télévisés, Chris-

tophe Delcourt commence à bidouiller des lampes et des bougeoirs en grillage à poule. Grand bien lui a pris : ses créations s'arrachent comme des petits pains. Dès lors, en étroite collaboration avec un duo d'artisans niçois, il imagine des tables, des canapés, des luminaires dépourvus de toute ornementation, qui correspondent à son credo : "Répondre aux besoins de vie et non pas réinventer une fonction aux meubles... simplement embellir le quotidien des utilisateurs". En toute humilité.

Hervé Van der Straeten

11, rue Ferdinand-Duval, 4e. M° Saint-Paul
Tél. 01 42 78 99 99
Du lundi au vendredi de 9h à 13h et de 14h à 18h, le samedi de 12h à 19h
Moderne Vulcain. Sculpteur, designer, artisan, artiste... Hervé Van der Straeten, c'est un peu tout ça. Après d'incroyables parures dessinées pour les défilés de Jean-Paul Gaultier ou d'Yves Saint-Laurent, après des chantiers d'architecture intérieure, après le flacon du parfum J'adore de Dior, ce féru de bronze s'éclate, depuis 1995, dans le mobilier. Dans cet ancien stock de moquettes du Marais, il expose ses créations un brin baroque. Des pièces souvent uniques qui se dévoilent pour le plaisir des yeux.

India Mahdavi

3, rue Las-Cases, 7e. M° Solférino
Tél. 01 45 55 67 67
Du mardi au vendredi de 10h à 13h et de 14h à 19h, le samedi de 11h à 19h, le lundi sur rendez-vous
Cosmopolite. Mi-Iranienne, mi-Égyptienne, India Mahdavi parcourt le monde. Un hôtel à Miami, un restaurant à New York, des appartements à Paris... cette architecte d'intérieur passe son temps à traverser les mers pour mettre en scène des lieux au chic incontestable. Depuis 2003, elle a posé ses valises dans le 7e arrondissement. Dans son showroom, les meubles jouent la carte des mélanges : matières masculines et féminines, chaudes et froides, mates et brillantes... comme en témoigne, par exemple, son élégant rocking-chair Don Carlos en iroko teinté et velours vert. Avec le titre de "créatrice de l'année 2004" remis au Salon Maison et Objets, son talent indéniable a été reconnu par la profession.

Love Éditions

41, rue de Bourgogne, 7ᵉ. Mᵒ Varenne
Tél. 01 45 51 24 27
Du lundi au samedi de 11h à 19h

Impec. Derrière cette jolie et étroite vitrine, deux hommes, Jérôme Faillant-Dumas et Gaétan Lebègue, ont installé leur showroom en 2003. Avec un seul souci en tête : faire des meubles et des objets aussi irréprochables qu'indémodables, qu'il s'agisse de la qualité ou du dessin. Réalisées dans les plus belles matières par les meilleurs artisans français, toutes leurs créations jouent la carte du contraste. Des matières d'abord : les chics – marqueterie de paille, chêne de fil ou des marais, albâtre – se mêlent aux cheap – plâtre ou Plexiglas. Des formes, ensuite : l'arête du bureau B 11, arrondie d'un côté, dessine un angle de l'autre. Bref, aucun détail de ce "mobilier haute couture", réalisé en série limitée, n'est laissé au hasard.

VIA, LA VOIE DU SUCCÈS

Valoriser le design et les designers français actuels, le Via (Association pour la valorisation de l'innovation dans l'ameublement) s'en est fait une mission depuis sa création en 1979. Comment y parvenir ? D'abord, en incitant les étudiants à se tourner vers la création de mobilier et en les aidant à trouver des fabricants.

Ensuite, en assurant leur promotion, au-delà de nos frontières certes, mais aussi auprès du grand public français grâce aux nombreuses expositions organisées sous le viaduc des Arts ("Design d'elles", "Design islandais", "Sport & Design"…). Un coup de pouce dont ont profité notamment Matali Crasset, Christophe Pillet, Kristian Gavoille, Jean-Marie Massaud… autant de noms aujourd'hui reconnus. C'est dire si l'association assure.

29-35, avenue Daumesnil, 12ᵉ. Mᵒ Gare-de-Lyon ou Ledru-Rollin
Tél. 01 46 28 11 11. www.via.asso.fr

Du lundi au vendredi de 10h à 13h et de 14h à 18h, le samedi de 10h30 à 19h, le dimanche de 11h à 18h

Édition Limitée

7, rue Bréguet, 11e. M° Bréguet-Sabin
Tél. 01 48 06 52 11. www.editionlimiteeparis.com
Du lundi au vendredi de 10h30 à 19h30, le samedi de 14h à 19h30

Tradition et savoir-faire. Ettore Sottsass – fondateur du mythique mouvement italien Memphis – dessine des coupes colorées. Olivier Gagnère – l'un de ses disciples – imagine des luminaires en plâtre et en faïence. Vincent Collin – ancien assistant du précédent – réalise des meubles en fer forgé. Leur point commun ? Ce sont les trois uniques designers qu'Édition Limitée édite depuis 1995. Leur particularité ? Ils travaillent dans la tradition des Arts décoratifs et leurs pièces quasi uniques sont réalisées par des artisans français ou italiens, dépositaires de savoir-faire ancestraux.

Domeau et Pérès

21, rue Voltaire, La Garenne-Colombes (92)
Tél. 01 47 60 93 86. www.domeauperes.com
Sur rendez-vous

Métiers oubliés. Domeau et Pérès, ou plutôt Bruno et Philippe, c'est la nostalgie de ces métiers (presque) oubliés. L'un est sellier, l'autre tapissier. Des métiers qui, au premier coup d'œil, n'ont rien de bien contemporain. Et pourtant. Depuis 1996, ils mettent leur savoir-faire au profit de jeunes designers : Ronan Bouroullec signe une banquette en cuir, Christophe Pillet – à qui l'on doit d'ailleurs la scénographie du showroom – imagine un fauteuil lounge en Inox, et Alexandre de Betak crée une bibliothèque lumineuse en Plexiglas. Autant de créations résolument modernes, aux finitions incontestablement parfaites.

Des as, ces Italiens !

"Les entreprises italiennes envisagent le design comme art et poésie. Selon elles, le design est une mission. Il ne s'agit pas de simples projets formels d'objets, mais au contraire d'une sorte de « philosophie générale » influant sur toutes les décisions de ces entreprises."

Alberto Alessi

Champions sur le créneau de l'édition, les Transalpins n'hésitent plus, depuis une vingtaine d'années, à traverser les Alpes afin de s'offrir une adresse parisienne.

Cappellini

4, rue des Rosiers, 4e. M° Saint-Paul
Tél. 01 42 78 39 39. www.cappellini.it
Du mardi au samedi de 10h30 à 19h

Temple du design. Les meubles exposés ici, c'est un peu le design dans toute sa splendeur. L'Italien Cappellini a établi ses quartiers parisiens dans cet ancien hammam en 2001. Là, dans un décor épuré, sur trois niveaux, les banquettes, fauteuils et tables signés par tous les grands noms du design actuel, rivalisent d'élégance. Mention spéciale pour les Français Jean-Marie Massaud, les frères Bouroullec ou Patrick Norguet... qui nous livrent des meubles aux lignes impeccables. Logique. Pour Giulio Cappellini, maître à bord, le design, contrairement à la mode, ne doit pas rimer avec éphémère. À voir les prix affichés, on espère bien que la folie à laquelle on succombera – peut-être – cette année ne sera pas *has been* la saison prochaine !

Cassina

236, boulevard Saint-Germain, 7e. M° Rue-du-Bac
Tél. 01 42 84 92 92. www.cassina.it
Du lundi au vendredi de 10h à 19h, le samedi de 11h à 19h

Excellence. Le Corbusier, Charlotte Perriand et Pierre Jeanneret sont quelques-unes des stars maison. Depuis 1964, l'éditeur italien détient les droits exclusifs de reproduction des créations du trio avec sa collection "I Maestri" (les maîtres, en VF). Un exemple ? Le fauteuil LC2, composé d'une structure tubulaire recouverte de cuir, caracole toujours en tête des ventes. Un pied dans le passé donc, mais un regard porté vers l'avenir car la maison édite également des créations contemporaines, tels les canapés avec home-cinéma intégré de Philippe Starck. Des monuments pas donnés…

CHARLOTTE PERRIAND, LA GRANDE DAME DU DESIGN

Diplômée en 1925 de l'École de l'Union centrale des Arts décoratifs de Paris, Charlotte Perriand (1903-1999) signe ses premières créations en 1927 : des meubles en acier chromé et en aluminium anodisé exposés au Salon d'automne. Dès lors, débute une collaboration avec Le Corbusier et son cousin, Pierre Jeanneret. Au sein de leur agence, Charlotte Perriand est responsable de la plupart des meubles en acier tubulaire – un mobilier révolutionnaire qui adopte une esthétique moderne et une allure fonctionnaliste, conçu pour s'intégrer parfaitement à leurs projets d'architecture. S'ensuit une collaboration avec Jean Prouvé en 1940, avec qui elle crée une agence d'architecture spécialisée dans la conception de maisons préfabriquées en aluminium.

Après quelques années passées en Asie – où elle endosse le rôle de conseillère à l'artisanat au ministère japonais du Commerce – elle revient en France et reprend son travail d'architecte et de designer. À la fin des années 1940, elle crée du mobilier pour les chalets de Méribel, en 1950, elle signe un prototype de cuisine pour l'Unité d'habitation de Le Corbusier, en 1957, elle imagine les bureaux londoniens d'Air France…

Aujourd'hui, ses créations attirent la convoitise de plus d'un fan de design. Sans doute l'une des raisons qui a poussé l'éditeur italien Cassina, en collaboration avec sa fille Pernette Perriand-Barsac, à sortir en 2004 six meubles inédits. Imaginés dans les années 1920, 1950 et 1970, ils étaient jusque-là des pièces uniques, conçus pour son usage personnel (bahut Riflesso et table Ventaglio pour son chalet de Méribel, par exemple), ou pour répondre à des commandes spéciales (fauteuil Ombra pour la maison de son mari au Japon…). Elles sont désormais offertes au grand public.

Kartell

242, boulevard Saint-Germain, 7ᵉ. M° Rue-du-Bac
Tél. 01 45 48 68 37. www.kartell.it
Du mardi au samedi de 10h à 13h et de 14h à 19h

Le plastique, c'est fantastique. Giulio Castelli, le fondateur de Kartell en 1949, l'a bien compris. Fana des nouveaux matériaux, il se lance un pari audacieux un brin risqué : "Si les hommes ont peur de la nouveauté, il faut leur fournir de la supernouveauté." Il confie alors à de nombreux designers une tâche : revisiter le mobilier pour en livrer de nouvelles versions 100 % plastique. Les tables, les chaises, les fauteuils, les meubles de rangement... tout y passe. Dernières en date, les créations de Philippe Starck (le fauteuil Louis Ghost, 170 €, le canapé Bubble, 437 €, ou le tabouret la Bohême, 84 €) exploitent les qualités de ce matériau (résistance, légèreté, vaste palette de couleurs et prix abordables pour les clients). Une réussite donc : près de soixante ans après sa création, Kartell continue à vendre chaque minute à travers le monde un produit sorti de ses usines !

Maxalto

43, rue du Bac, 7ᵉ. M° Rue-du-Bac
Tél. 01 53 63 25 10. www.maxalto.it
Du lundi au samedi de 10h à 19h

Terracotta. Ici, rien de clinquant mais des couleurs douces – beige, terre, gris, marron – "idéales pour mettre en lumière les formes d'un meuble", confie le gardien des lieux. Et du bois, encore du bois, un matériau brut cher à Antonio Citterio, designer vedette de l'enseigne, qui le travaille en une multitude de tables et rangements qui privilégient les formats XXL. Bref, du luxe chaleureux qui aura mis trente ans avant de traverser les Alpes pour s'installer, en 2000, au cœur du triangle d'or du design parisien.

Molteni & C

6, rue des Saints-Pères, 7ᵉ. M° Saint-Germain-des-Prés
Tél. 01 42 60 29 42. www.molteni.it
Du lundi au samedi de 9h30 à 12h30 et de 13h30 à 18h30

Luxe discret. Fondée dans les années 1930 dans la banlieue mi-lanaise, cette maison d'édition a toujours privilégié la qualité des matériaux et la perfection des lignes. Résultat, quelques grands noms de la création contemporaine lui ont prêté leur coup de crayon : Jean Nouvel signe des tables, Luca Meda des meubles de rangements et Paola Navone une série de quatre canapés baptisés Odéon, Rivoli, Marais et... Saint-Germain. Un bien bel hommage à notre capitale.

Poltrona Frau

242 bis, boulevard Saint-Germain, 7e. M° Rue-du-Bac
Tél. 01 42 22 74 49. www.poltronafrau.it
Du mardi au samedi de 11h à 13h et de 14h à 19h

Tout cuir. Depuis près d'un siècle, Poltrona (fauteuil en VF) Frau (Renzo Frau en est le fondateur) a su imposer sa griffe. Fondée en 1912 à Turin, la marque a pris ses quartiers parisiens il y a vingt-cinq ans, montrant ainsi le chemin à ses compatriotes, qui franchiront les Alpes quelques années plus tard. Ce showroom offre, depuis tout ce temps, un aperçu des créations maison. Divisée en trois secteurs, l'enseigne propose ainsi des meubles pour la maison, le bureau et l'entreprise, réalisés à la main par des artisans dépositaires de savoir-faire ancestraux et mêlant, chacun à sa façon, le cuir – spécificité maison – à des matériaux high-tech. Indémodables, certaines créations du début du siècle sont toujours en vitrine, tel le fauteuil Vanity Fair imaginé en 1930.

VIVE LE PLASTIQUE !

Comment des meubles signés par de grands designers peuvent-ils se vendre à des prix défiant toute concurrence (moins de 150 € la chaise) ? En utilisant du plastique. L'avantage ? Il suffit d'investir dans le moule – autour de 400 000 € – et d'y couler, à tour de bras, le plastique. Résultat, les chaises, les tables et même les luminaires sortent à la chaîne des usines. Et s'arrachent à petits prix. Les maîtres dans cet art : les Italiens Kartell et Magis et le petit frenchie XO.

Vitra

40, rue Violet, 15ᵉ. Mᵒ Émile-Zola
Tél. 01 56 77 07 77
Du lundi au vendredi de 9h à 18h

Indémodable. Dès l'entrée, le ton est donné : toutes les chaises – version miniature – estampillées Vitra trônent dans une longue vitrine murale. Dans cet incroyable showroom, se retrouvent les plus grands noms du design – Verner Panton, Charles & Ray Eames, Jean Prouvé (les incontournables d'hier), Jasper Morrison, Ron Arad, les Bouroullec (les "jeunes" d'aujourd'hui) – pour dessiner des tables, des chaises ou des bureaux, la spécialité maison. Coup de cœur pour la Plastic Armchair du couple Eames en fibres de verre, créée en 1948 et ressortie récemment sur différents piètements (rocking-chair, tour Eiffel...). Des classiques, en somme.

JEAN PROUVÉ, L'HOMME DE FER

Ferronnier dans les années 1920, Jean Prouvé (1901-1984) est, à ses débuts, plutôt porté sur la réalisation de portes, de grilles, de balustrades... Mais, dès 1924, il se réoriente en se lançant dans la création de meubles en tôle d'acier, une véritable nouveauté à l'époque. Au hasard, citons la table Compas au piètement en acier, les chaises Standard en contreplaqué, les portes en hublots, les bureaux métalliques imaginés pour la Compagnie parisienne de distribution d'électricité ou le mobilier scolaire... Autant de créations qui ont vu le jour grâce à son utilisation de techniques de fabrication de pointe, tel le tube aplati mis au point dans les années 1920. De l'innovation qui n'a pas laissé ses contemporains de glace : Le Corbusier et Pierre Jeanneret ont été impressionnés, paraît-il.

Les designers venus du froid

Le credo des designers scandinaves ? De beaux objets pour tous les jours. Qu'ils soient Suédois, Norvégiens, Islandais, Danois ou Finlandais, c'est le même combat : imaginer des objets du quotidien fonctionnels et esthétiques. Un succès. Depuis des décennies, ils excellent dans le domaine, comme en témoignent les différents lieux qui leur sont consacrés à Paris.

La Galerie scandinave

31, rue de Tournon, 6ᵉ. Mᵒ Odéon
Tél. 01 43 26 25 32. www.lagaleriescandinave.com
Du mardi au vendredi de 11h à 20h, le samedi de 11h à 19h
Fjord. Champions du design organique (où les formes s'inspirent de celles de la nature), les Scandinaves sont les auteurs de quelques-uns des meubles-phares du design. Pour preuve, les pièces exposées dans cette boutique. On y trouve l'incontournable Arne Jacobsen (1902-1971), tour à tour designer et architecte, auteur de la fameuse chaise Fourmi (1951) et du fauteuil Œuf (1957), qui sont devenus des classiques internationaux. Mais aussi plein d'autres créations des années 1950 à 1970, tels le fauteuil suspendu en forme d'œuf – encore ! – de Nanna Ditzel (1957), la lampe Artichaut (1957) de Poul Heningsen ou les meubles en bois de Hans Wegner.

Torvinoka

4, rue Cardinale, 6ᵉ. Mᵒ Saint-Germain-des-Prés ou Mabillon
Tél. 01 43 25 09 13. www.torvinoka.com
Le lundi de 14h à 19h et du mardi au samedi de 10h à 19h
Le chaud du froid. Perdue au fin fond d'une ruelle à quelques mètres du fameux triangle d'or du design parisien, cette petite boutique donne la vedette au Finlandais Alvar Aalto et ses créations éditées par Artek (société fondée par Aalto lui-même en 1935). Son matériau phare : le bois contreplaqué, utilisé dans les tables, les fauteuils et les tabourets où il adopte des formes organiques

élégantes et chaleureuses – par opposition au verre et à l'acier, en vogue à l'époque. Alvar Aalto pressentait, déjà dans les années 1930, ce qu'allait devenir le design scandinave : un design inspiré par la nature (dans ses matériaux et dans ses formes) ou, pour employer de grands mots, un design 100 % humaniste.

La boutique scandinave

8, rue Martel, 10ᵉ. Mᵒ Château-d'Eau
Tél. 01 40 22 02 67. www.laboutiquescandinave.com
Sur rendez-vous

Épure. La sélection de cette boutique illustre parfaitement le style scandinave, esthétique, utilitaire, épuré et naturel avec les tissus Marimekko, la vaisselle suédoise Orrefors et surtout, les créations éditées par l'ancestrale verrerie finlandaise Littala fondée en 1881. Au hasard des étagères, on s'extasiera encore et toujours devant le vase Savoy (1936) d'Alvar Aalto, librement inspiré des fjords de son pays natal, devant la vaisselle aux rayures colorées d'Alfredo Haberli ou les couverts simplissimes d'Antonio Citterio.

Novitas

19, rue de la Vieuville, 18ᵉ. Mᵒ Abbesses
Tél. 01 42 23 22 87. www.novitas.fr
Du mardi au samedi de 14h à 19h

Sans fioriture. Depuis 1999, le design scandinave trône dans ce petit showroom. On y trouve quelques créations du Danois Arne Jacobsen, essentiellement des ustensiles en Inox pour Stelton : seau à glace (182 €), moulin à poivre, pichet, mais aussi le fameux pichet isotherme (47 €), décliné dans plusieurs couleurs, signé Erik Magnussen ("designer de l'année 1983") et édité par Stelton, ou encore des mobiles gais et colorés, illustrations de la tradition danoise (à partir de 14 €).

LE NORD S'EXPOSE
Centre culturel suédois

Il n'y a pas que Ikea en Suède ! Pour le prouver, le pays a posé ses valises dans un hôtel particulier du Marais, et organise régulièrement des expositions mettant à l'honneur les créateurs nationaux. Une façon comme une autre de traverser nos frontières, le temps d'une déambulation.

Hôtel de Marle, 11, rue Payenne, 3e. Mo Saint-Paul ou Chemin-Vert
Tél. 01 44 78 80 20. www.ccs.si.se

Institut finlandais

Ici, au cœur du Quartier latin, la Finlande tient la vedette dans un immeuble haussmannien, réhabilité par l'architecte finlandais Juhani Pallasmaa, qu'il a aménagé de meubles en bois typiques.

60, rue des Écoles, 5e. Mo Cluny-la-Sorbonne
Tél. 01 40 51 89 09. www.institut-finlandais.asso.fr

Maison du Danemark

Du trottoir, rien ne laisse présager ce qu'il se passe à l'intérieur. Sauf, peut-être, le showroom Bang & Olufsen et le restaurant Flora Danica, meublé de quelques fauteuils d'Arne Jacobsen et de Poul Kjaerholm, qui donnent le ton. Ici donc, honneur à tout ce qui constitue la culture danoise avec, de temps à autre, des expositions consacrées au design national.

142, avenue des Champs-Élysées, 8e. Mo George-V
Tél. 01 44 31 21 21. www.maisondudanemark.dk

Design d'ailleurs

In Achevée

33 ter, rue des Tournelles, 3ᵉ. Mº Bastille
Tél. 01 42 71 04 10
Du mardi au samedi de 13h à 19h, sur rendez-vous le matin

Lusitanien. Avec un nom pareil, on aurait pu s'attendre à un lieu brut de décoffrage. Que nenni ! Cette nouvelle boutique très léchée, dédiée au design portugais, célèbre les designers locaux et la fabrication nationale. Les créations de l'architecte-designer Alvaro Siza en bois précieux, réalisées exclusivement par des artisans, trônent en bonne place. Ses guéridons en padouk, ses lampes en doussié et ses prie-dieu en châtaignier massif voisinent avec les plats, les plateaux et les objets de table en céramique dessinés, notamment, par Carlos Aguiar, Miguel Vieira Baptista, Marco Soussa Santos et édités par Minimalanimal, fabricant portugais bien sûr. Déjà présent à Londres, Barcelone, Berlin, New York, le design portugais a désormais son pied-à-terre parisien !

Knoll

268, boulevard Saint-Germain, 7ᵉ. Mº Assemblée-Nationale
Tél. 01 44 18 19 99. www.knoll.com ou www.knollint.com
Du lundi au samedi de 9h30 à 18h30

Il a bon dos ! Le style dépouillé et chic de cette marque mythique est intemporel. Depuis les années 1930, l'Américain Knoll s'efforce d'éditer des meubles adaptés aux besoins des pauvres travailleurs que nous sommes. Le credo ici tient en quelques mots : "les bons concepts font les bonnes affaires." Résultat, des sommités du design – comme Pierre Jeanneret, Mies Van der Rohe, Harry Bertoia, Isamu Noguchi et, plus récemment, Luke Pearson et Tom Lloyd – relookent bureaux et fauteuils pour les rendre fonctionnels et esthétiques. Une réussite : aujourd'hui, quelque trente pièces estampillées Knoll font désormais partie de la collection design du MoMA de New York. L'icône Knoll ? La chaise Tulip d'Eero Saarinen dessinée en 1955.

TRAVAILLEURS, À VOS BUREAUX !

Quel est l'endroit où l'on passe la moitié de sa vie ? Le bureau. Pas bêtes, les designers se sont donc penchés sur nos tables et nos fauteuils de travail pour les relooker et leur donner ce petit truc en plus… histoire de s'offrir un ravissement de tous les sens. À voir :

• **Tecno.** 21, place Vendôme, 1er. M° Opéra
Tél. 01 42 44 26 30. www.tecnospa.com
• **USM.** 23, rue de Bourgogne, 7e. M° Varenne
Tél. 01 53 59 30 30. www.usm.com
• **Siltec.** 51, rue de Miromesnil, 8e. M° Miromesnil
Tél. 01 42 66 09 13

Har Design

75, quai de la Gare, 13e. M° Quai-de-la-Gare
Tél. 01 53 61 37 61. www.hardesign.fr
Du mardi au vendredi de 10h à 19h, le samedi de 11h à 19h

1001 nuits. Les grands éditeurs de mobilier contemporain (Edra, Zanotta, Moroso, Knoll, …) se sont donnés rendez-vous. Mais ce n'est pas tout : Fahed Hariri, le maître à bord d'origine libanaise et sa comparse Marie-Line Salançon, une ancienne de chez Édifice, ont lancé une série de meubles en Corian aux motifs inspirés de la calligraphie coufique – art graphique arabe du VIIIe siècle. Soit une table, une console et un tabouret aux dessins en noir et blanc (à partir de 2 780 €) qui trônent en bonne place dans cet espace baigné de lumière. En clair, du design version arabe. Malheureusement, comme toujours, les étiquettes ont de quoi faire frémir. Mais ici, on était prévenu : *har* en arabe signifie pimenté !

Le design des grandes marques de mobilier

Les grandes marques de mobilier disposant d'usines de production sollicitent, de temps en temps, quelques designers pour imaginer et créer des tables, des chaises et des fauteuils ultra-contemporains qui sont alors produits en série.

Cinna

- *91, boulevard de Sébastopol, 2e. M° Réaumur-Sébastopol*
Tél. 01 40 26 99 32. www.cinna.fr
Le lundi de 14h à 19h, du mardi au samedi de 10h à 19h
- *189, boulevard Saint-Germain, 7e. M° Rue-du-Bac*
Tél. 01 44 39 07 00
- *5, rue du Faubourg-Saint-Antoine, 11e. M° Bastille*
Tél. 01 43 44 62 14
- *134, boulevard Diderot, 12e. M° Reuilly-Diderot*
Tél. 01 43 42 12 66
- *87, avenue du Maine, 14e. M° Gaîté*
Tél. 01 43 22 72 56

Vers l'avenir. Cinna collabore régulièrement avec des designers reconnus (Pascal Mourgue, François Bauchet, Didier Gomez...), et des jeunes talents qui, les uns comme les autres, portent un regard alerte sur le monde qui les entoure. Didier Gomez explique d'ailleurs qu'il "ne crée jamais un meuble sans regarder vivre les gens." Ses fauteuils allient donc confort et esthétisme (à partir de 1 000 €). Une collaboration rêvée pour les designers comme en témoigne Arik Levy : "Être designer chez Cinna, c'est trouver des idées que l'on pourra traduire industriellement."

Roche-Bobois – Les Contemporains

• *92-98, boulevard Sébastopol, 3e. M° Réaumur-Sébastopol*
Tél. 01 42 78 10 50. www.roche-bobois.com
Du lundi au samedi de 10h à 19h, le samedi de 10h à 19h30
• *193, boulevard Saint-Germain, 7e. M° Rue-du-Bac*
Tél. 01 49 54 01 70
• *18, rue de Lyon, 12e. M° Gare-de-Lyon*
Tél. 01 53 46 10 20
• *52, avenue de la Grande-Armée, 17e. M° Argentine*
Tél. 01 45 74 73 30

Bien dans ses meubles. De temps en temps, la marque s'alloue les services d'un designer réputé. Dernier en date : Christophe Delcourt. L'homme signe pour l'occasion une vingtaine de meubles luxueux qui respectent tous la même démarche : "Prenez un fruit, coupez-le en deux, ôtez le surplus… il ne reste que la structure."

TERENCE CONRAN, HABITAT ET CONRAN SHOP

Dans la grisaille londonienne des années 1960, Terence Conran (né le 4 octobre 1931 et diplômé de la Central School of Arts & Crafts en 1950) introduit un peu de gaieté : le 11 mai 1964, ouvre Habitat sur Fulham Road. Là, un seul mot d'ordre : "L'utile peut être beau et le beau peut être accessible." Résultat, les chaises pliantes, les coussins, les assiettes en libre-service séduisent plus d'un client qui, en deux temps trois mouvements, peut les embarquer. Du shopping facile donc, bienvenu, dans un monde où le choix se limitait aux meubles de famille ou au design hors de prix, et attractif puisque l'enseigne prêche la fusion des styles et des cultures (chaises importées de Scandinavie, objets glanés à l'autre bout du monde). Dix ans plus tard, le 19 novembre 1973, en lieu et place du premier Habitat londonien, Terence Conran ouvre Conran Shop. Sa particularité ? Répertorier de belles créations qui sauront séduire les clients friands de design. Là, une vaste sélection d'objets et de meubles pour la maison, traditionnels ou ultra-contemporains, qui offrent des idées à ceux qui s'installent dans leur nouveau *home sweet home*. De la dernière création de Philippe Starck aux sièges dessinés par Charles & Ray Eames, en passant par des objets rapportés du Japon, mais aussi des meubles signés Terence Conran *himself* et édités par Benchmark.

L'homme ne s'arrête pas là. Auteur, il signe de nombreux ouvrages dans lesquels il livre ses conseils en matière de décoration et d'aménagement intérieur (dernier en date, celui consacré aux salles de bain publié chez Octopus). Architecte, il imagine plusieurs lieux branchés à travers le monde et à Paris (l'Alcazar, 62, rue Mazarine, 6e. Tél. 01 53 10 19 99). Éclectique, donc.

Conran Shop

Soucieux d'offrir "l'art de vivre au sens large", Sir Terence Conran propose ses créations personnelles bien sûr (empreintes d'un certain classicisme), mais également une sélection sans faille de quelques références du design. On hésitera donc entre plusieurs chaises de Philippe Starck (Louis Ghost, Kartell, 170 €), de Verner Panton (Panton Chair, Vitra, 224 €), ou de Jasper Morrison (Air Chair, Magis, 69 €).

117, rue du Bac, 7e. M° Sèvres-Babylone

Tél. 01 42 84 10 01. www.conran.com

Du lundi au vendredi de 10h à 19h, le samedi de 10h30 à 19h30

Habitat

En 2004, Habitat, c'est les 29 *Very Important Products* imaginés par des *Very Important People* pour célébrer les quarante ans de la marque. Mais c'est aussi, et surtout, quelques grands classiques du design signés Philippe Starck ou Ron Arad, et, sous l'impulsion de son directeur artistique Tom Dixon, tout ce qu'il faut pour donner une touche résolument contemporaine à notre maison (du linge de toilette, de la vaisselle, des tables, des lits, des lampes…).

• 8, rue du Pont-Neuf, 1er. M° Pont-Neuf

Tél. 01 53 00 99 88 et 08 10 81 82 83

www.habitat.net

• 1, rue Pierre-Lescot, 1er. M° Les Halles

Tél. 01 40 39 91 06

• 12, boulevard de la Madeleine, 9e. M° Madeleine

Tél. 01 42 68 12 76

• 10, place de la République, 11e. M° République

Tél. 01 48 07 13 14

• 42-44, rue du Faubourg-Saint-Antoine, 12ᵉ. Mº Ledru-Rollin ou Bastille
Tél. 01 53 02 02 54
• 17, rue de l'Arrivée, 15ᵉ. Mº Montparnasse-Bienvenüe
Tél. 01 45 38 69 90
• 35, avenue de Wagram, 17ᵉ. Mº Charles-de-Gaulle-Étoile ou Ternes
Tél. 01 55 37 75 00
Du lundi au samedi de 10h à 19h30

Ligne Roset

• 85, rue du Bac, 7ᵉ. Mº Rue-du-Bac
Tél. 01 45 48 54 13. www.ligneroset.fr
Le lundi de 11h à 19h, du mardi au samedi de 10h à 19h
• 5, avenue Matignon, 8ᵉ. Mº Franklin-D.-Roosevelt
Tél. 01 42 25 94 19
• 25, rue du Faubourg-Saint-Antoine, 11ᵉ. Mº Bastille
Tél. 01 40 01 00 05
• 99, avenue du Maine, 14ᵉ. Mº Gaîté
Tél. 01 43 21 65 70
• 75, rue Saint-Charles, 15ᵉ. Mº Charles-Michels
Tél. 01 45 75 78 38

Élégance sur toute la ligne. "Avoir plus pour être mieux, personne n'y croit plus" résume Pierre Roset. Aujourd'hui, nous sommes convaincus que les meubles et les objets du quotidien doivent créer un univers propice à l'épanouissement du corps et de l'esprit". Voici en quelques mots, la ligne de conduite de cette marque d'ameublement trentenaire. Pour ne pas déroger à ses principes, Ligne Roset s'est donc alloué les services des plus grands designers contemporains (les frères Bouroullec, Eric Jourdan, Arik Levy, Christian Ghion, Patrick Jouin...), pour dessiner des fauteuils, des tables ou des luminaires, maintes fois primés par le label Via (attribués à des produits qui sont le fruit d'une collaboration entre un industriel français et un designer, voir p. 14).

LE DESIGN DANS LES GRANDS MAGASINS
La Samaritaine

Des arts de la table au mobilier, en passant par les luminaires, le grand magasin fait la part belle au design avec des marques telles qu'Alessi, Vitra, Kartell, Flos ou Artemide… des références dans le domaine.

19, rue de la Monnaie, 1er. M° Pont-Neuf

Tél. 01 40 41 20 20. www.lasamaritaine.com

Du lundi au samedi de 9h30 à 19h, nocturne le jeudi jusqu'à 21h et le samedi jusqu'à 20h

Le Bon Marché

La sélection est ici très pointue : Driade, Kartell, Artemide, Artelano exposent dans cet endroit au charme suranné.

24, rue de Sèvres, 7e. M° Sèvres-Babylone

Tél. 01 44 39 80 00. www.lebonmarche.fr

Du lundi au samedi de 9h30 à 19h30, nocturne le jeudi jusqu'à 21h et le samedi jusqu'à 20h

Lafayette Maison

10 000 m² consacrés à la maison, c'est géant ! À chaque étage, une pièce de la maison. Là, des corners de marques diverses et variées exposent leurs créations, des plus classiques au plus avant-gardistes, avec une mention spéciale pour la présence de Silvera.

35, boulevard Haussmann, 9e. M° Havre-Caumartin

Tél. 01 40 23 53 70. www.galerieslafayette.com

Du lundi au samedi de 9h30 à 19h30, nocturne le jeudi jusqu'à 21h

Printemps

Filez directement au 6e étage de la Maison contemporaine pour dénicher, parmi de prestigieuses marques, quelques-unes des grandes créations actuelles.

64, boulevard Haussmann, 9e. M° Havre-Caumartin

Tél. 01 42 82 50 00. www.printemps.com

Du lundi au samedi de 9h35 à 19h, nocturne le jeudi jusqu'à 22h

Les showrooms

Place à la mixité ! Loin d'être "mono-marques", plusieurs show-rooms parisiens jouent la carte du mélange : un fauteuil français devant une table italienne, l'ensemble éclairé par un luminaire danois... Serait-ce la preuve que le design est universel ?

FR 66

25, rue du Renard, 4ᵉ. Mᵒ Hôtel-de-Ville ou Rambuteau
Tél. 01 44 54 35 36
Du lundi au samedi de 10h à 19h

Du sol au plafond. En lieu et place de la défunte galerie Néotu, deux sœurs, débarquées de l'art contemporain et de l'expertise-comptable, ont installé leur boutique – et non plus galerie, attention ! – consacrée au design. L'idée ? "Envisager l'habitat contemporain dans sa globalité." Pour ce faire, elles éditent en exclusivité des collections complètes de trois jeunes designers (mais non des moindres) : Christophe Pillet, Jean-Marie Massaud et Dominique Mathieu, et font leur sélection de coups de cœur chez les plus grands éditeurs tels Edra, Zanotta, MDF. Attentives aux détails, elles proposent des revêtements de sols et même... des poignées de portes signées !

Two Be

2, rue du Roi-de-Sicile, 4ᵉ. Mᵒ Saint-Paul
Tél. 01 42 71 04 66. www.twobe.fr
Du mardi au samedi de 11h à 19h, le lundi de 14h à 19h

D'avant-garde. Si cette boutique est si déroutante, c'est parce qu'elle ose exposer des créations que l'on ne voit nulle part ailleurs. En partenariat avec la galerie Dilmos Milan (milanaise, comme son nom l'indique), pro de l'avant-garde italienne, Two Be récupère ses expositions et dévoile ainsi en avant-première des réalisations audacieuses. En janvier 2005, par exemple, la boutique faisait découvrir les meubles en fusion d'aluminium, réalisés par le sculpteur-designer italien Andrea Salvetti.

État de siège

• *1, quai de Conti, 6ᵉ. Mᵒ Pont-Neuf ou Odéon*
Tél. 01 43 29 31 60. www.etatdesiege.com
Du lundi au samedi de 10h30 à 19h
• *21, avenue de Friedland, 8ᵉ. Mᵒ Charles-de-Gaulle-Étoile*
Tél. 01 42 56 64 75

Une bonne assise. Qui a déjà passé une journée sans s'asseoir ? Les designers ont saisi le filon et ont dessiné, à profusion, de quoi contenter nos popotins et soulager nos colonnes vertébrales. Des modèles épurés estampillés Cappellini, B&B, Moroso ou Zanotta aux assises ludiques et colorées en plastique, débarquées des usines de Magis, Kartell ou XO... Toutes les grandes créations contemporaines installées ici ont de quoi séduire tous les goûts et tous les porte-monnaie. À noter, la boutique du 6ᵉ rassemble les plus "tendances", tandis que celle du 8ᵉ donne la primeur aux plus classiques. Différence de clientèle oblige.

Meubles et Fonction

135, boulevard Raspail, 6ᵉ. Mᵒ Notre-Dame-des-Champs ou Vavin
Tél. 01 45 48 55 74. www.meubles-fonction.com
Du lundi au vendredi de 10h à 19h, le samedi de 11h à 13h et de 14h à 19h

"Trouver la création juste". Cette expression revient régulièrement dans la bouche de Pierre Perrigault. Fondateur en 1959 de Meubles et Fonction, cette mine vivante d'informations n'a toujours eu qu'un mot d'ordre : exposer des "meubles industriels qui exploitent des matériaux et des techniques de notre temps." Depuis plus de quarante ans, ce designer de formation "reconnaît et sélectionne le meilleur d'une époque" : Arne Jacobsen et Poul Kjaerholm dans les années 1960, Pierre Paulin dans les années 1970, Ricardo Blumer, entre autres, aujourd'hui (il a innové en empruntant la technique utilisée pour les ailes de planeurs afin de créer une chaise d'une impressionnante légèreté). Bref, autant de talents en leur temps qui sont devenus des pointures incontournables du design. La preuve ? Les créations de la plupart d'entre eux font partie des collections permanentes de grands musées.

LES DESIGNERS DAYS

Franchir la porte d'un showroom de design vous paralyse ? Alors profitez des Designers Days pour pénétrer dans ces antres à l'ambiance – parfois – figée. Pendant quatre jours au mois de juin, un parcours emmène le grand public à la découverte d'une quarantaine de lieux dédiés au mobilier contemporain. De la vaisselle aux luminaires en passant par le textile et les canapés, c'est l'occasion ou jamais de se faire l'œil.

www.designersdays.com

Édifice

27 bis, boulevard Raspail, 7ᵉ. M° Rue-du-Bac
Tél. 01 45 48 53 60
Du lundi au samedi de 10h à 19h

À la recherche de l'œuvre rare. Vitrine privilégiée de Philippe Starck pendant des années, la boutique de la famille Nathan (La Quincaillerie et Électrorama, c'est elle ! Voir p. 49 et p. 55.) s'est reconvertie en showroom éclectique pour faire découvrir un judicieux mélange de meubles rares et de créations classiques. "Notre but étant de montrer des choses que l'on ne voit nulle part ailleurs, nous nous sommes procuré la Parabol Table d'Eero Aarnio qui voisine ici avec l'une de ses plus fameuses créations, le fauteuil Ballon ou Globe créé en 1962", confie le jeune maître à bord. Pour poursuivre cette quête de l'objet méconnu et pour "pallier à l'étroitesse du lieu", la boutique expose régulièrement des designers pas toujours bien connus en France. En janvier 2005, le belge Xavier Lust, édité par MDF Italia et Driade, avait donc droit à tous les égards.

WorldStyle Design

203 bis, boulevard Saint-Germain, 7e. M° Rue-du-Bac
Tél. 01 40 26 92 80. www.worldstyledesign.com
Du mardi au vendredi de 10h à 19h et le samedi de 11h à 19h

Pointu. Après un site Internet baptisé Webstore et une boutique éponyme, les frères Lanvin se sont installés au cœur du triangle d'or du design parisien. Ici, on se pâme devant les radiateurs Eskimo et Ad Hoc en Inox (à partir de 500 €), et devant les enceintes Artcoustic dissimulées derrière des photos ou des toiles. Ou comment l'utile se fait esthétique.

Le Bihan

41, rue du Faubourg-Saint-Antoine, 11e. M° Bastille
Tél. 01 43 43 06 75. www.lebihanparis.fr
Le lundi de 14h à 18h30, du mardi au samedi de 10h à 19h et le premier dimanche du mois de 14h à 18h30

Tous les honneurs. Il lui aura fallu quelques mois pour s'imposer comme un showroom de design incontournable de la capitale. C'était en 2000. Aujourd'hui encore, Le Bihan expose, dans un ancien cinéma des années 1920, sous sa verrière et sur quatre niveaux (soit un total de 800 m²), les plus grands designers du siècle et un paquet de créations européennes actuelles éditées, entre autres, par Cappellini, Edra, Poltrona Frau, Fritz Hansen, Domeau & Pérès...

Made

6, rue Gobert, 11e. M° Voltaire
Tél. 01 43 79 74 85. www.made75.com
Sur rendez-vous

Surprise ! Derrière une porte anodine au premier coup d'œil, se cache un showroom d'un genre bien particulier. Installée dans les ateliers d'une ancienne menuiserie, Mathilde Baralhé a fait de son loft un lieu consacré au design. Là, elle expose (et édite) les créations de l'Italien Pucci de Rossi, qui jouent sur le mélange des matériaux (aluminium, Inox, Plexiglas, plomb...), et celles, plus sobres, du Français Frédéric Butz.

Silvera

58, avenue Kléber, 16e. M° Boissière
Tél. 01 53 65 78 78. www.silvera.fr
Du lundi au samedi de 10h à 19h

Plein la vue. Que ceux qui s'aventurent ici soient prévenus : les étiquettes risquent de leur donner un coup de chaud. Mais qu'importe : autant prendre cette balade comme la visite d'un musée. De la chambre au salon en passant par la cuisine et la salle de bains, toutes les pièces de la maison sont aménagées tendance design, sur plus de 1 300 m² – revus et corrigés en 2003 par Christophe Pillet – avec les créations des grandes pointures internationales : Verner Panton, Gae Aulenti ou Olivier Gagnère, pour ne nommer qu'eux.

Forum Diffusion

55, rue Pierre-Demours, 17e. M° Pereire
Tél. 01 43 80 62 00. www.forumdiffusion.com
Du lundi au vendredi de 10h à 19h, le samedi de 13h30 à 18h30

King size. Sur 1 200 m², éclairés par les luminaires poétiques signés Ingo Maurer – entre autres –, toute la crème du design international se donne rendez-vous ici : les éditeurs italiens Driade, Cappellini et Magis, le Hollandais Moooi, les Français XO... Un lieu d'exception où se rencontrent les standards intemporels signés Verner Panton, Charles & Ray Eames ou Le Corbusier, et les meilleurs du design actuel comme Christophe Pillet, Ron Arad ou les frères Bourroullec.

Trois salons, trois moments forts

Être informé en avant-première n'est pas l'apanage des pros et des journalistes : arpenter les salons parisiens consacrés au design est offert à tous. L'occasion de découvrir ce qui trônera, six mois plus tard, dans les vitrines...

La Métropole
www.salondumeuble.com
En janvier au parc d'exposition de la porte de Versailles
En avant-première. Chaque année, La Métropole est l'occasion pour le grand public d'apprécier, dans le cadre du Salon du meuble, les nouveautés en matière de design. Sur 18 000 m², tous les secteurs sont représentés, de la salle de bains à la cuisine en passant par la literie ou les luminaires. Un rendez-vous clé : c'est ici que l'on a découvert, notamment, le collectif 5.5 Designers en janvier 2004.

Now ! Design à vivre
www.designavivre.com
En janvier et en septembre au parc d'exposition de Villepinte
LE rendez-vous parisien consacré au design ! Un hall entier est dédié à la création contemporaine dans le cadre du salon Maison et Objets, qui a lieu en janvier et en septembre. Théoriquement réservé aux professionnels, cet événement peut vous ouvrir ses portes pour peu que vous dégotiez un badge d'entrée. Pas si compliqué de trouver une connaissance qui bosse dans le milieu. Et là, à vous les bons plans ! Le dernier jour, certains stands vendent leur stock aux prix pros. L'occasion de faire de bonnes affaires.

L'Observeur du Design

Généralement en hiver
Cité des sciences et de l'industrie, 30, avenue Corentin-Cariou, 19ᵉ.
M° Porte-de-la-Villette
Tél. 01 40 05 80 00. www.cite-sciences.fr
Du mardi au samedi de 10h à 18h, le dimanche de 10 à 19h. 7,50 € et
5,50 € (tarif réduit)

Mélange des genres. Organisé depuis 1999 par l'Apci (Agence pour
la promotion de la création industrielle), l'Observeur du Design
s'expose à la Cité des sciences. Son objectif ? Mettre en valeur les
créations les plus innovantes réalisées, en étroite collaboration,
par un designer et un industriel. Histoire de promouvoir tous les
secteurs dans lesquels peuvent intervenir les designers – de la bouteille d'oxygène à la peinture aimantée en passant par les flacons
de parfum en verre coloré – et d'attribuer aux réalisations les plus
exceptionnelles les fameuses "étoiles du design". Le but de cet événement est, d'une part, de montrer que le design est avant tout
"une démarche globale qui s'évertue à placer l'utilisateur final au
centre de la création industrielle" et, d'autre part, de faire vivre le
design français sur la scène internationale. Une mission louable.

2

Design pour tous

Un peu d'humour par-ci, une matière sublime par-là, un usage détourné, le design transforme les objets du quotidien en pièce remarquable... souvent abordable. Si Saint-Germain-des-Prés est le quartier traditionnel des enseignes et des showrooms internationaux, le Marais est bien un triangle "d'argent prestigieux" où showrooms décalés et jeunes designers se concentrent. Ici, comme souvent à Paris, de l'art contemporain au design, il n'y a qu'un pas... Vers les Halles, on sera plutôt dans le rétro revisité, tandis que vers les hauteurs montmartroises, le design se fera insolent, voire carrément alternatif. Tour d'horizon du design à petits prix, en ses quartiers...

Bô

• *153, rue Saint-Honoré, 1er. M° Palais-Royal-Musée-du-Louvre*
Tél. 01 42 96 45 27
• *8, rue Saint-Merri, 4e. M° Hôtel-de-Ville ou Rambuteau*
Tél. 01 42 72 84 64
• *111, rue Saint-Maur, 11e. M° Saint-Maur ou Parmentier*
Tél. 01 43 55 34 05
Le mardi de 12h à 19h30 et du mercredi au samedi de 11h30 à 19h30
Bônnes intentions. Dans le Marais d'abord, à Oberkampf et au Palais-Royal ensuite, le duo de choc de Bô cherche à promouvoir des créateurs encore inconnus en leur offrant pendant deux mois une vitrine dans laquelle ils peuvent exposer leurs réalisations. C'est ici que l'on a découvert les créations poétiques en béton (cendrier, bougeoir, lampe) de Xiral Segard, les bougeoirs en laque japonaise de Michèle de Albert ou bien les luminaires acidulés de Catherine Grandidier. Autant d'objets qui ont – malgré les apparences – un point commun : la défense d'un "design éthique", un credo cher à Philippe Carillo et son comparse Freddy Mankowsky. Et pour que chaque boutique possède son identité, le tandem s'est amusé à donner à chacune un petit nom. Dans le "Design Bazar" du 11e, la sélection se fait ludique, dans le 4e, c'est plutôt "Tendance Ur-baine", et "Nomade Contemporaine" dans le 1er – où les pièces

uniques ethniques ont la vedette. On flâne dans ces lieux à la mise en scène dépouillée, bercé par les mélodies du label Naïve et enivré par les doux effluves signés Christophe Chabaud. Comme dans un temple zen... Au fait, Bô est le nom de l'arbre sous lequel Bouddha eut sa première révélation.

Persona Grata

11, rue Tiquetonne, 2ᵉ. M° Étienne-Marcel
Tél. 01 40 13 00 47. www.persona-grata.com
Du lundi au dimanche de 11h à 20h

2080, l'odyssée du design. Des lampes qui changent de couleur lorsque l'on passe la main devant, un fauteuil en résine peinte, une table lumineuse... les meubles et les objets présentés ici ont tous une petite note futuriste.

Quand les belettes s'en mêlent

24, galerie Vivienne, 2ᵉ. M° Bourse
Tél. 01 42 60 67 14
Du lundi au samedi de 11h à 14h et de 15h à 19h

Rigolotes. Depuis 1996, les Belettes distillent un peu de poésie dans notre quotidien. Leurs plus fameuses créations ? Les guirlandes lumineuses en plumes d'autruches (59 €), en bouteilles de lait éclairées (45 €) ou en papier perforé recyclé (38 €). Chez elles, la lumière, c'est tout un poème...

Zygote

3, passage du Grand-Cerf, 2ᵉ. M° Étienne-Marcel
Tél. 01 42 21 13 73. www.zygoteparis.com
Du mardi au samedi de 14h à 19h

Bucolique. Plier, emballer, piétiner, détourner... tels sont les différents univers des créations d'Aude Fabry. On dégote donc ici de la vaisselle empruntant ses formes à la nature (un plat aux allures de dunes, une coupe ressemblant étrangement à un volcan...), des créations un brin ironiques (tel le paillasson composé de traces de pas) ou d'autres franchement astucieuses (les tables équipées de gouttières pour y déposer tout le surplus – salière, plat, carafe). À propos, le zygote est la première cellule d'un être vivant. C'est toujours bon à savoir...

D-sign by O

3, rue Debelleyme, 3ᵉ. M° Filles-du-Calvaire ou Saint-Sébastien-Froissart
Tél. 01 48 87 55 68
Sur rendez-vous

Petite boîte et grandes idées. Dans leur minisociété créée en 1992, Charlotte Arnal et Francis Fèvre, tous deux architectes d'intérieur, imaginent des meubles et des objets utiles et fonctionnels. Le meilleur exemple ? Toto, un cube lumineux qui joue la carte du deux en un : une table de chevet avec lampe intégrée. Parce que, paraît-il, cette dernière manque souvent de se casser la figure !

O-de

60, rue de Saintonge, 3ᵉ. M° Filles-du-Calvaire
Tél. 01 42 78 52 37
Du mercredi au samedi de 15h à 20h et sur rendez-vous

Bonne impression. La jolie Aude Moynot, architecte d'intérieur, imprime ses photos sur du mobilier. Cela donne des paravents en Plexiglas arborant la tour Eiffel, des tables en verre ornées des toits de Paris ou une porte en PVC décorée du plan de métro new-yorkais...

Robert le Héros

13, rue de Saintonge, 3ᵉ. M° Filles-du-Calvaire
Tél. 01 44 59 33 22. www.robertleheros.com
Du mardi au samedi de 13h à 19h

Gaieté assurée. Mais qui est Robert ? Non pas un roi quelconque, mais une équipe féminine de choc. En 1987, Christelle le Déan, Corinne Hellein, Blandine Lelong et Isabelle Rodier se rencontrent sur les bancs des Arts-Déco et donnent naissance à Robert, une société de design textile. Depuis, elles éclairent notre quotidien de créations fleuries et colorées (rideaux, sacs, toiles cirées, coussins... en vedette dans cette microboutique), et font profiter quelques grands fabricants de leur maîtrise de la couleur (packaging pour Nicolas Feuillatte, balance pour SEB, flacon pour Van Cleef & Arpels).

The Collection

33, rue de Poitou, 3e. M° Saint-Sébastien-Froissart
Tél. 01 42 77 04 20
Du mardi au samedi de 12h à 19h

100 % british. Allison Grant, British pur jus, nous rapporte d'outre-Manche de chouettes créations un brin décalées : fameux papiers peints débordant d'humour de Deborah Bowness (en trompe-l'œil) et de Tracy Kendall (en relief), torchons ornés d'évier, de produits d'entretien ou d'égouttoir ou bien encore de la vaisselle décorée de motifs fleuris...

Vénus en Mars

18, rue Barbette, 3e. M° Chemin-Vert ou Filles-du-Calvaire
Tél. 01 42 74 06 07. www.venusenmars.com
Du mardi au samedi de 12h à 19h

Oh joie ! "Il était une fois sur Vénus trois petites graines qui habitaient un coquelicot. Elles adoraient voyager dans leur imaginaire... " Rencontrez les têtes pensantes de Vénus en Mars et vous verrez les choses en rose. Nichés dans les alcôves colorées de leur miniboutique, la Que(notes) – une dent géante – entonne une chanson le temps de se brosser efficacement les dents (118 €), l'horloge À la bonne heure est conçue dans un moule à gâteau (65 €), et leurs décors électrostatiques se collent sur les verres et les assiettes pour leur donner des couleurs (16,50 €).

Ikea

Fidèle à lui-même, Ikea s'est lancé en 1995 dans le design à prix bas. Résultat, il sort, tous les deux ans, Ikea PS, une gamme thématique (en 2004, c'était le mobilier pour enfants), signée de designers internes ou externes – tels James Irvine ou Thomas Sandell. Un rapport qualité/prix concluant.

Tél. 0825 826 826 (renseignements et points de vente)
www.ikea.fr

Happy Home

76, rue François-Miron, 4e. M° Saint-Paul

Tél. 01 42 77 66 06

Du mardi au samedi de 12h à 19h30, le dimanche de 14h30 à 19h30

La maison du bonheur. Avant même de franchir la porte, tout est dit : ici, on fait le plein de bonheur. Créée par Ricardo Bustos, un Argentin débarqué en France à la fin des années 1980, cette boutique rassemble des objets signés de designers plus ou moins connus de France et de Navarre – parmi eux, Tom Dixon, Karim Rashid, Laurence Brabant... Avec en designer vedette, le maître des lieux *himself* à qui l'on doit, entre autres, une table basse (1 156 €) en Corian – un matériau conçu par DuPont en 1960 pour les revêtements de cuisine, combinant minéraux naturels et polymères acryliques purs –, et une banquette en acier laqué rose (950 €). Des créations pleines de gaieté, à l'image de leur auteur. À noter, la boutique présente en avant-première les œuvres exposées ensuite à la galerie d'art contemporain Magda-Danysz, dans le 13e (voir p. 96).

Sentou

• *18, rue du Pont-Louis-Philippe, 4e. M° Pont-Marie ou Saint-Paul*

Tél. 01 42 77 44 79. www.sentou.fr

• *24, rue du Pont-Louis-Philippe, 4e. M° Pont-Marie ou Saint-Paul*

Tél. 01 42 71 00 01

• *29, rue François-Miron, 4e. M° Pont-Marie ou Saint-Paul*

Tél. 01 42 78 50 60

Du mardi au vendredi de 11h à 14h et de 15h à 19h, le samedi de 11h à 19h

• *26, boulevard Raspail, 7e. M° Sèvres-Babylone*

Tél. 01 45 49 00 05

Du mardi au samedi de 11h à 19h, le lundi de 14h à 19h

Incontournable. Depuis quinze ans, Pierre Romanet est un découvreur de talents, et un très bon "lanceur" : il promeut à leurs débuts les Tsé-Tsé et leurs créations oniriques (une théière à habiller pour l'hiver, une carafe et ses verres ivres, une guirlande en file indienne), Arik Levy et ses luminaires conçus dans des matériaux industriels détournés et, bien sûr, 100drine avec ses boîtes et sa vaisselle aux motifs enfantins. Mais l'homme cultive aussi ses classiques. Fan absolu d'Isamu Noguchi, il y expose sa série de lampes en papier

Akari (à partir de 74 €) aux pieds du monumental escalier hélicoïdal de Roger Tallon et aux côtés des vases d'Alvar Aalto. Une large sélection d'objets et de meubles de toutes les époques pour toutes les pièces de la maison et à tous les prix. Et, histoire de partager sa passion, Pierre Romanet balaye, de temps à autre, l'ensemble de l'œuvre d'un designer, "avec ses bons et ses mauvais côtés", lors d'expositions organisées dans sa boutique du 7e arrondissement.

Sismo

5 bis, rue Saint-Paul, 4e. M° Saint-Paul
Tél. 01 40 27 05 54. www.sismodesign.com
Du mardi au samedi de 9h à 12h et de 14h à 18h30

Remuant. Métro parisien, ligne 1, station Saint-Paul. Sur le quai, une vitrine. Là, entre un distributeur de friandises et des broderies ringardes, les créations colorées des Sismo. Ironique. D'entrée, le ton est donné : depuis 1996, le duo de jeunes créateurs, Frédéric Lecourt et Antoine Fenoglio pour les intimes, bouscule les conventions. Leur boutique, en sous-sol, regorge de créations astucieuses : le mug à thé se dote d'un creux, destiné à maintenir le sachet ; le verre à pied, une fois retourné, se métamorphose en soliflore ; la cannette est munie d'une paille... Sismique !

Ugly Home

108, rue Saint-Honoré, 8e. M° Louvre-Rivoli
Tél. 01 40 26 18 51. www.ugly-home.com
Le lundi de 14h à 19h, du mardi au vendredi de 11h à 19h, le samedi jusqu'à 19h30

Drôle de nom pour une boutique. "C'est du second degré" se défend Stéphane Ghestem, architecte et maître des lieux. Le choix pointu le prouve : les objets et les meubles féminins, masculins, épurés ou glamour rivalisent d'élégance (précieux tapis en peau de vache imaginé par le propriétaire, amusants coussins en faux bois d'Olivier Schubbe, papiers peints désuets de Cole & Son, luminaires intemporels de Verner Panton...). Éclectique et drôle.

Elaïs

94, rue des Martyrs, 9e. M° Abbesses
Tél. 01 46 06 20 23
Du mardi au samedi de 11h à 20h, le dimanche de 14h à 18h

Très frais. Elsa a choisi cette fameuse rue escarpée du 18e arrondissement pour implanter sa miniboutique. Là, l'ex-attachée de presse fait la promo de jeunes créateurs qu'elle affectionne : Laurence Brabant et ses verres poétiques, Régis et ses objets total récup, Jérôme Barrier et son module d'immersion sonore (un fauteuil géant dans lequel on se détend, bercé par la musique qu'il diffuse), Réjane Lhote et ses poupées déjantées, Fleur de Kookyse et ses stickers muraux… Bref, des créations diverses et variées qui distillent quelques touches de gaieté dans notre quotidien.

LE CŒUR SUR LA MAIN

Faire une bonne action tout en s'offrant des créations de maisons réputées à des prix défiant toute concurrence, tel est le principe des ventes orchestrées par des associations comme l'Arcat (Association de recherche, de communication et d'action pour l'accès au traitement) et Aides. La première organise deux fois par an (au printemps et en hiver) des braderies d'objets fournis gracieusement par des marques (Cassina, XO, Design by O) ou des designers (les frères Bouroullec ou les Tsé-Tsé). La seconde s'installe au centre Georges-Pompidou une journée par an et brade des objets et des meubles signés Tsé-Tsé, Philippe Starck, Andrée Putman (marraine de l'édition 2004). À votre bon cœur…

• **Arcat.** www.arcat-sante.org. 2 € l'entrée
• **Aides.** Guettez les annonces dans la presse

N'So On

1, rue Henri-Monnier, 9e. M° Saint-Georges
Tél. 08 70 23 61 84. www.nso-on.com
Du mardi au samedi de 11h à 19h30

Sans a priori. Rien ne prédestinait Anne-Sophie à ouvrir cette petite boutique dans un coin du 9e arrondissement "où il n'y avait pas grand-chose". Psychologue du travail (tous les chemins mènent au design !), elle a suivi pendant plusieurs années des ateliers de design de produits avant de réaliser que la création n'était pas vraiment son truc. Elle ouvre donc en mai 2004 cet espace, dans lequel elle expose plusieurs noms connus "pour ne pas effrayer les gens", tels 100drine (avec sa vaisselle), Ricardo Bustos (avec ses luminaires et ses étagères) ou Alvar Aalto (avec ses vases Savoy), mais aussi de jeunes créateurs qu'elle affectionne comme Vanessa Mitrani, jeune adepte du verre et du fer. Une sélection colorée qui rappelle vaguement Sentou ? Oui… et elle en est fière !

Objectives

10, rue Thimonnier, 9e. M° Barbès-Rochechouart ou Cadet
Tél. 01 48 78 80 57
Du mardi au samedi de 12h à 20h

Très présent. Bernadette Cazaux a l'œil aiguisé. Cette ancienne styliste de décoration en a rencontré des meubles et des objets avant d'ouvrir cette boutique à la devanture rouge. Ici, place à la création actuelle. "Il y a tellement de personnes qui font des choses intéressantes aujourd'hui qu'il serait bête de se contenter de faire de la réédition" explique celle qui expose donc, côte à côte, le vase Boule de Coming B (12 €), le vase Swing de Normann Copenhagen (à partir de 19 €) et l'astucieux abat-jour en polypropylène de Black Blum (29 €). Autant de créations "qui vont du pas cher au carrément cher, pour satisfaire tout le monde." Et comme la dame a aussi de l'imagination, elle s'est mise à coudre des coussins en tissus vintage (42 €).

PA Design

2 bis, rue Fléchier, 9ᵉ. Mᵒ Notre-Dame-de-Lorette
Tél. 01 42 85 20 85. www.pa-design.com
Du mercredi au samedi de 11h à 14h et de 15h à 19h

Pour rire. Tout a commencé avec un vase. Un soliflore en PVC à ventouser sur le mur (14 €). C'était en 1996. Quelques années plus tard, des créations astucieuses et amusantes de ce style, il y en a des dizaines dans la boutique de Pierre (P) et Assia (A). Derrière la petite devanture rouge, installés sur de vieilles étagères débarquées d'une ancienne épicerie de campagne, trônent leurs "objets-idées" comme ils les nomment. Soit des créations bourrées de peps aux appellations rigolotes. Des exemples ? Le Boufo Clougo, "celui qui tchatche comme une poule qui vient de pondre" en argot, ou tout simplement deux coquetiers, l'un ange, l'autre démon (6 €). Ou la Gloulotte, une coupelle à fixer autour du goulot de la bouteille (12 €), parce qu'un apéro sans cacahuètes n'est pas digne de ce nom ! Bref, un paquet de créations ingénieuses et abordables.

3 par 5

25, rue des Martyrs, 9ᵉ. Mᵒ Saint-Georges
Tél. 01 44 53 92 67. www.3par5.com
Le lundi de 14h à 19h30, du mardi au samedi de 11h à 19h30

Miniprix maxistyle. Quand elle était rue Condorcet, 3 par 5 faisait 3 mètres sur 5, d'où son nom. Dans un espace à peine plus vaste rue des Martyrs, cette boutique propose toujours une sélection de produits mi-déco mi-design. Entre les coussins bariolés signés Maison Georgette et les produits poétiques de C. Quoi, des créations colorées de Petite Production et de K6 Design (rond en guise de range-journaux, 33 €), tout est à prix démocratique.

Sandrine et les Ferrailleurs

6, passage Josset, 11ᵉ. Mᵒ Bastille ou Ledru-Rollin
Tél. 01 48 07 21 73. www.ferrailleurs.com
Du mardi au vendredi de 14h à 18h

Modulable. Sandrine de Laage a troqué, en 2003, la joaillerie contre le mobilier, l'or contre l'acier et les boulons. Ancienne de chez Cartier, elle a ouvert ce showroom blanchissime, parsemé ici et là de touches colorées. Son truc ? Visser les unes aux autres, des plaques d'acier époxy déclinées dans sept couleurs (vert, bleu, rouge, jaune, blanc, gris, orange), pour créer des bureaux bariolés, des bacs de rangement sur roulettes, des suspensions éclairées. Les nostalgiques des Mécanos seront comblés : on peut aussi acheter des éléments à monter soi-même.

Walldesign

25, rue de la Forge-Royale, 11ᵉ. Mᵒ Faidherbe-Chaligny
Tél. 01 43 48 30 24
Du mardi au jeudi de 15h à 19h30, le vendredi et le samedi de 11h à 14h et de 15h à 20h

Faire-part. Pour sa première collection, cette boutique toute neuve a donné carte blanche à la jeune scénographe Émilie Faïf. Avec "Jardin d'Éden", elle a imaginé des décors muraux qui n'ont rien à envier aux tableaux de maîtres. Le principe ? Des motifs bucoliques – fleurs, papillons, branches, oiseaux… – déclinés dans de nombreux coloris à appliquer comme des décalcomanies sur une surface plane (à partir de 20 €). Un peu de nature dans nos vies bétonnées.

LE SOUCI DU DÉTAIL

Poignées de porte, poubelle, porte-manteaux… vous trouvez ça amusant de dépenser de l'argent dans ces accessoires pas toujours sexy mais forcément indispensables ? Non ? Et bien, jetez un coup d'œil à ces deux boutiques. Là, la famille Nathan (après les meubles chez Édifice et la lumière chez Électrorama) a encore sévi avec une série d'objets utilitaires au look nickel. Vous changerez d'avis…

La Quincaillerie. 3-4, boulevard Saint-Germain, 5ᵉ. Mᵒ Jussieu ou Maubert-Mutualité
Tél. 01 46 33 66 71

Gwenaëlle Hugot

119, rue du Château, 14ᵉ. Mᵒ Pernety ou Gaîté
Tél. 06 60 87 71 75
Sur rendez-vous

Poétique. L'alliance du design et de la littérature peut donner naissance à des objets surprenants. Gwenaëlle Hugot, jeune architecte d'intérieur, lectrice avertie un brin écolo, s'abreuve de romans japonais, italiens, français avant de partir en balade en forêt. À son retour, la tête bourrée d'images et les bras chargés de bourgeons, d'épines de pin et de feuilles de lotus, elle crée des mobiles qui semblent flotter dans les airs (à partir de 40 €).

Synthèse

20, rue des Plantes, 14ᵉ. Mᵒ Mouton-Duvernet
Tél. 01 40 44 97 04
Du mardi au vendredi de 11h à 13h30 et de 15h à 19h, le samedi de 11h à 19h30

Light. Ici et là, des petits objets pour se faire plaisir sans dépenser des fortunes, telles les créations en béton signées Têtes 2 l'art (vase à 60 €, photophore à 26,60 €) ou les astucieux mugs à thé avec emplacement pour le sachet des Sismo.

C signé

33, rue La Condamine, 17ᵉ. Mᵒ La Fourche
Tél. 01 53 04 93 83
Du mardi au samedi de 11h à 14h et de 15h à 20h

Girly. Parce qu'elle voulait trancher avec l'aspect épuré d'ordinaire attribué au design, l'équipe de C signé a fait le pari de repeindre ses murs en rose fuchsia… Là, sur des étagères en acier galvanisé faites maison, trônent des réalisations de jeunes créateurs. Au hasard, de la vaisselle de Marcel Marongiu pour Artoria, des verres en cristal de Slovénie soufflé bouche, des soliflores de Jérôme Lart pour Industrielle, des vases de l'Américain Michael Aram, des lampes d'I-Bride et enfin, des créations C signé bien sûr (coussins, sacs, linge de table), mêlant des couleurs vives (rouge, orange, prune, vert anis…).

Made in live

1, rue Marcel-Renault, 17e. M° Ternes
Tél. 01 44 09 92 86. www.madeinlive.com
Du mardi au samedi de 11h à 19h

Du monde entier. Pendant quatre ans, Dominique Attia a distribué dans les boutiques parisiennes des créations signées Sismo, Innermost et Bob Design. Depuis septembre 2004, elle possède son propre espace pour exposer les créations des trois précités : candélabres en Plexi fluo rose ou jaune d'Innermost (55 €), tasses malignes des Sismo, les collections en polyuréthane de Bob Design (33 € le set de table). Mais aussi de jeunes designers repérés lors des salons internationaux : les luminaires d'Andrea Modica (130 € la lampe à poser) ou les coussins de la Finlandaise Anne Kyyro Quinn (à partir de 110 €).

Atypyk

17, rue Lambert, 18e. M° Château-Rouge ou Lamarck-Caulaincourt
Tél. 01 46 06 28 32. www.atypyk.com
Du lundi au samedi de 9h30 à 18h

Pourquoi pas ? Un ticket de métro extra-long en guise de marque-page, des taches de vache adhésives pour relooker le frigo, un briquet "it's mine"… Ivan Duval et Jean-Sébastien Ides ont des idées atypiques à la pelle.

3

Utile et beau
à la fois

> "Le design ne signifie pas donner une forme à un produit
> plus ou moins stupide, pour une industrie plus ou moins
> sophistiquée. Il est une façon de concevoir la vie,
> la politique, l'érotisme, la nourriture et même le design."
>
> Ettore Sottsass

Lumière !

> "La lampe est pour moi l'objet le plus simple pour s'exprimer."
>
> Michele de Lucci

Éteinte ou allumée, la lampe est un objet à part entière qui se doit d'être esthétique. Finis les plafonniers purement utilitaires, place à la lumière décorative !

Espace Lumière
• *17, rue des Lombards, 4e. M° Châtelet ou Hôtel-de-Ville*
Tél. 01 42 77 47 71
• *48, rue Mazarine, 6e. M° Odéon*
Tél. 01 43 54 06 28
• *167-169, boulevard Haussmann, 8e. M° Miromesnil ou Courcelles*
Tél. 01 42 89 49 49
Du lundi au samedi de 10h30 à 19h

Éclatant. Vouées au culte de la lumière, ces boutiques rassemblent toutes les plus belles créations d'hier et d'aujourd'hui, éditées par les plus grands (Foscarini, Flos, Artemide, Luce Plan...). Pour preuve, la monumentale lampe Arco d'Achille Castiglioni d'hier voisine avec l'ironique E-candle de Le Deun d'aujourd'hui ou encore les poétiques suspensions d'Ingo Maurer. Bref, de quoi s'éclairer à l'intérieur comme à l'extérieur, de façon sobre ou excentrique...

Électrorama

11, boulevard Saint-Germain, 5e. M° Maubert-Mutualité
Tél. 01 40 46 78 10. http://electrorama75.chez.tiscali.fr/
Du lundi au vendredi de 9h à 19h, jusqu'à 22h le mercredi

Pleins feux. Des petits, des grands, des transparents, des colorés, certains posés sur le sol, d'autres suspendus au plafond... ici, les luminaires sont rois. Depuis 1965, la famille Nathan rassemble dans ses 500 m² les créations des plus grands noms. Un mélange de styles et d'époques détonnant : les lampadaires au style industriel d'Achille Castiglioni dessinés dans les années 1950 voisinent avec les suspensions d'Ingo Maurer ou les créations en verre sérigraphié des jeunes 10 heures dix... La boutique consacre même un corner entier à la marque italienne Luce Plan qui édite aussi des modèles de Paolo Rizzatto, de Ricardo Sarfatti, d'Alfredo Haberli ou de Marco Zanuso. Avertissement aux promeneurs du week-end : la notoriété de cette boutique est telle qu'elle s'offre le luxe d'être fermée le samedi !

Cohérence

31, boulevard Raspail, 7e. M° Rue-du-Bac
Tél. 01 42 22 15 83
Du mardi au samedi de 10h30 à 19h

Condensé. Cette petite boutique est un condensé d'Espace Lumière, Volt & Watt et Lumière & Fonction. Logique, elles appartiennent toutes au même homme : Laurent Gak Delven ou "Monsieur 100 000 Volts" pour les intimes.

Flos

15, rue de Bourgogne, 7e. M° Varenne
Tél. 01 53 85 49 90. www.flos.com
Du lundi au samedi de 11h à 19h

Créations éclairées. Allumées ou éteintes, les lampes Flos sont d'une insaisissable élégance. Signées Philippe Starck (encore et toujours), Marc Newson, Konstantin Grcic ou Achille Castiglioni, elles trônent majestueusement dans ce nouvel espace tout de gris et de blanc vêtu, installé depuis peu à quelques mètres du showroom réservé aux professionnels.

Volt & Watt

29, boulevard Raspail, 7e. M° Rue-du-Bac
Tél. 01 45 48 29 62
Du lundi au samedi de 10h30 à 19h

Joyeux bazar. De la lumière, encore et toujours de la lumière. Avec un nom pareil – était-il nécessaire de le spécifier – on dégote ici les plus grandes marques de luminaires contemporains (Flos, Artemide, Foscarini, etc.), et quelques créations étonnantes, comme ce cache-pot géant lumineux. Mais l'originalité a un prix...

Veronese

184, boulevard Haussmann, 8e. M° Saint-Philippe-du-Roule
Tél. 01 45 62 67 67. www.veronese-sa.com
Le lundi de 10h15 à 12h30 et de 14h à 18h, du mardi au vendredi de 9h à 12h30 et de 14h à 18h, le samedi de 10h15 à 13h et de 14h30 à 18h

Haute couture. Envie de s'éclairer comme dans feu le Korova (ndlr : le restaurant de Jean-Luc Delarue) ? Poussez la porte. Veronese édite les lampes dessinées par Christian Biecher. Cette maison, connue pour ses monumentaux lustres classicos en verre de Murano soufflé à la bouche, donne aussi la parole aux designers actuels. Des exemples ? Les suspensions un brin précieuses d'Olivier Gagnère ou les luminaires poétiques de Laurence Brabant. Autant de créations d'aujourd'hui fabriquées avec le savoir-faire d'hier.

Artemide

52, avenue Daumesnil, 12e. M° Gare-de-Lyon
Tél. 01 43 44 44 44. www.artemide.com
Du mardi au samedi de 10h30 à 13h et de 14h à 19h

Fiat Lux. Entre ses murs et son sol blanc, ce showroom expose les lumineuses créations estampillées Artemide. D'un côté, on s'extasie devant ces lampes, vues et revues dans les greniers de nos grands-parents et typiques des années 1960 – comme la collection "Modern Classic" signée Vico Magistretti, Gae Aulenti, Gio Ponti... De l'autre, on admire les créations de jeunes designers – les suspensions industrielles revisitées par Ernesto Gismondi.

Luc Gensollen

10, rue de la Main-d'Or, 12e. M° Ledru-Rollin
Tél. 01 58 30 94 98. www.lucgensollen.com
Du mardi au samedi de 13h à 19h30

L'art du détournement. Quel rapport existe-t-il entre une tôle d'acier perforée et un circuit électronique ? A priori, aucun. Et pourtant, Luc Gensollen, architecte d'intérieur, scénographe et designer, récupère ces deux éléments et les met en lumière. Résultat, les rayons filtrent à travers les perforations de la tôle créant un effet de perspective et de volume (180 €), et les circuits électriques deviennent abat-jour. Incongru, non ?

INGO MAURER, LE MAGICIEN DE LA LUMIÈRE

Né en 1932, il a longtemps été surnommé le magicien de la lumière. Influencé par les ombres dessinées par les phares des voitures sur les murs de sa chambre, le designer s'est fait une spécialité de l'ampoule. Il signe ainsi des créations poétiques et légères – ici, une ampoule ornée de plumes, là d'ailes ou ailleurs de feuilles de papier – pour "toucher l'âme des gens".

Lumière et Fonction

284, boulevard Raspail, 14e. M° Denfert-Rochereau
Tél. 01 43 35 30 42
Du mardi au samedi de 10h30 à 19h

Une institution. Cela fait plus de trente ans que cette boutique nous éclaire. Pendant des années, elle a mis un point d'honneur à promouvoir les luminaires italiens et scandinaves. Aujourd'hui, la sélection est éclectique – mais rien que du contemporain ! – avec une mention spéciale pour les rééditions du designer Serge Mouille, l'une des plus grandes signatures françaises de luminaires dans les années 1960. Des éditions limitées et numérotées. Presque des œuvres d'art, en somme.

• **Et aussi**

Intension

7, rue Saint-Gilles, 3ᵉ. Mᵒ Chemin-Vert
Tél. 01 45 31 02 06. www.intensionlighting.fr
Du mardi au samedi de 10h à 13h et de 14h à 19h
Un gros projet d'architecture ? Faites appel à ces pros de la mise en lumière qui vous donneront des conseils avisés sur le choix des lampes (Artemide, Catellani & Smith, Erco...) et des interrupteurs (Meljac, Lithos...).

Les Années-Lumière

77, boulevard Raspail, 6ᵉ. Mᵒ Rennes
Tél. 01 45 49 99 62
Du lundi au vendredi de 10h à 18h45, le samedi de 10h à 19h
Ici encore, beaucoup de beaux modèles d'hier et d'aujourd'hui, notamment ceux dessinés par Philippe Starck, Mat & Jewsky ou Ettore Sottsass...

EPI Luminaires

30-34, cours de Vincennes, 12ᵉ. Mᵒ Nation
Tél. 01 43 46 11 36. www.epiluminaires.fr
Du lundi au vendredi de 9h à 18h, le samedi de 10h à 18h
Dans cet immense espace consacré aux luminaires sous toutes leurs coutures, seule une petite pièce met en scène quelques appliques, suspensions, lampes de tables contemporaines (Flos, Foscarini, Artemide...). Faites-y un saut si (et seulement si) vous êtes dans le coin.

Textiles inspirés

Véritables artistes, les designers jouent aussi bien avec les matières et les couleurs. Le résultat ? Des tapis aux allures de magnifiques toiles de sol.

Toulemonde Bochart

• *10, rue du Mail, 2e. M° Bourse*
Tél. 01 40 26 68 83. www.toulemondebochart.fr
Du lundi au vendredi de 9h30 à 18h, le samedi de 10h à 18h
• *29, boulevard Raspail, 7e. M° Sèvres-Babylone*
Tél. 01 45 48 05 71
• *1, rue Violet, 15e. M° Commerce*
Tél. 01 45 75 97 88

Classe. Pour Toulemonde Bochart, Andrée Putman a été la première à se prêter au jeu du tapis chic avec des couleurs sobres (à partir de 920 € le modèle Brumes), rapidement suivie par Christophe Pillet, Hilton McConnico ou les Sismo.

La Verrière

63, rue de la Verrerie, 4e. M° Hôtel-de-Ville
Tél. 01 42 71 17 07
Du mardi au samedi de 11h à 20h, le dimanche et le lundi de 14h30 à 20h

Sols stylés. Toute la collection de tapis Designercarpets et des carpettes revisitées par quatre grands designers sont présentées ici. Verner Panton habille nos sols de motifs pop colorés, Patrick Norguet les égaye avec ses dessins psychédéliques, tandis que Karim Rashid et Pierre Paulin optent pour des lignes plus minimalistes.

Sam Laik

24, boulevard Raspail, 7e. M° Sèvres-Babylone
Tél. 01 45 49 91 37. www.samlaik.com
Du mardi au samedi de 11h à 19h

Vif ! Des designers aussi différents que Garouste et Bonetti, Olivier Gagnère ou Robert le Héros imaginent ici des tapis aux couleurs vives.

Tai Ping Carpets

30, rue des Saints-Pères, 7ᵉ. Mᵒ Saint-Germain-des-Prés
Tél. 01 42 22 96 54
Du lundi au vendredi de 10h à 19h, samedi de 11h à 19h
La **Designers Collection**, née au début des années 1990, regroupe des designers-artistes comme Christian Ghion qui signe le tapis Hole, représentation de l'impact d'une goutte d'eau dans une flaque (744 €).

MINIMALISME FINLANDAIS

Pour retapisser fauteuils et canapés, pensez absolument aux textiles estampillés Marimekko. Conçus en 1951 pour habiller les femmes, ces tissus aux motifs géants et aux couleurs éclatantes – coquelicots, fraises… – ont vu leur notoriété faire un bond le jour où Jackie Kennedy s'est achetée sept robes. Depuis, la société s'est diversifiée pour égayer nos lits, canapés et fenêtres…

Finnova. 35, quai de la Tournelle, 5ᵉ. Mᵒ Maubert-Mutualité
Tél. 01 43 25 75 70
Du mardi au samedi de 10h à 19h

• **Et aussi, pour retapisser vos meubles :**

Dominique Picquier

10, rue Charlot, 3ᵉ. Mᵒ Filles-du-Calvaire
Tél. 01 42 72 39 14

Dedar

20, rue Bonaparte, 6ᵉ. Mᵒ Saint-Germain-des-Prés
Tél. 01 56 81 10 99

Baumann

48, rue de Grenelle, 7ᵉ. Mᵒ Rue-du-Bac
Tél. 01 45 49 08 22

Côté cuisine

Le propre du designer est d'allier fonctionnalité et esthétisme, on l'a dit et redit. Pas étonnant alors qu'il s'attaque à nos cuisines. Révolue l'époque où le Formica était roi, place aux lignes épurées version Inox. C'est beau certes, mais mieux vaut :

1. Être méticuleux – une trace de doigt, ça ne pardonne pas !
2. Disposer d'une (très) vaste pièce – rares sont les cuisines à tenir dans nos petits studios parisiens !
3. Être ordonné – une assiette sale traînant négligemment sur le plan de travail immaculé, ça fait vite tache !
4. Aimer cuisiner – quel gâchis d'avoir une installation de professionnel si c'est pour se contenter de réchauffer des plats surgelés !
5. Avoir un porte-monnaie bien (voire même très bien) garni – la plupart du temps, les prix sont établis sur devis, c'est dire !

Alors, si vous réunissez toutes ces conditions, pourquoi ne pas jeter un coup d'œil sur ces différentes collections, faire de votre cuisine un nouveau lieu agencé sur-mesure, bref, vous offrir le luxe de cuisiner dans des meubles signés ?

▶ Les meubles, en bref...

Bulthaup-Odéon Cuisine
6, rue Monsieur-le-Prince, 6e. M° Odéon
Tél. 01 43 29 18 17. www.bulthaup.fr

Boffi
234, boulevard Saint-Germain, 7e. M° Rue-du-Bac
Tél. 01 42 84 11 02

Design Saint-Germain
9, rue de Villersexel, 7e. M° Solférino
Tél. 01 45 49 10 05

Arclinea
147, rue du Faubourg-Saint-Honoré, 8e. M° Saint-Philippe-du-Roule
Tél. 01 45 61 13 00. www.italiacucine-sainthonore.com

Binova

161, rue du Faubourg-Saint-Honoré, 8e. M° Saint-Philippe-du-Roule
Tél. 01 42 89 16 38. www.binova.it

GLT Diffusion

56, rue du Faubourg-Saint-Antoine, 12e. M° Ledru-Rollin ou Bastille
Tél. 01 44 73 45 45

Espace Trocadéro

25 bis, rue Benjamin-Franklin, 16e. M° Trocadéro
Tél. 01 56 90 19 19

Étoile Cuisine

6, avenue Carnot, 17e. M° Charles-de-Gaulle-Étoile
Tél. 01 43 80 28 16

Gaggeneau

7, rue de Tilsitt, 17e. M° Charles-de-Gaulle-Étoile
Tél. 01 58 05 20 20
Sur rendez-vous

►... et les couverts

Pour ceux qui ne peuvent pas s'offrir le total look, optez quand même pour l'objet... histoire de dresser une table signée.

Bodum

• *Carrousel du Louvre. 99, rue de Rivoli, 1er. M° Palais-Royal-Musée-du-Louvre*
Tél. 01 42 60 47 11
• *101, rue Rambuteau, 1er. M° Les Halles*
Tél. 01 42 33 01 68
Du lundi au dimanche de 11h à 20h, le mardi de 12h30 à 19h

Combinaison gagnante. La beauté et la simplicité des lignes associées à d'excellents matériaux (verre, Inox...), voici la combinaison gagnante qui a fait la renommée de la famille Bodum. Et cela depuis plus d'un demi-siècle. Tout commence en 1944, année où Peter Bodum crée, à Copenhague, sa petite entreprise d'objets pour la cuisine importés de toute l'Europe. Quelques années plus tard, en collaboration avec l'architecte Kaas Kaleson, il se lance dans l'édition et sort ainsi, en 1958, la cafetière à brûleur Santos, premier accessoire estampillé Bodum. Un succès : elle est toujours en boutique. En 1974, son fils, Joergen Bodum, reprend les rênes de la société. S'alllouant les services du designer Carsten Joergensen, il commercialise, dès 1974, la fameuse cafetière à piston Bistro. Avec elle, plus besoin de filtre… de quoi faire des adeptes, puisque cinquante millions d'exemplaires ont été vendus depuis à travers le monde ! Logique. Le credo de la maison n'est-il pas : "un bon design n'a aucune raison d'être cher ?"

Zero One One

2, rue Marengo, 1er. M° Louvre-Rivoli ou Palais-Royal-Musée-du-Louvre
Tél. 01 49 27 00 11
Du mardi au samedi de 11h à 19h15
L'élégance avant tout. Dans un décor épuré (table basse, console, étagères en laque blanche) signé Christophe Pillet, Jim O'Rourke – ancien président de Ralph Lauren Europe – et Nicolas Tonnelier – ex-ingénieur – donnent libre cours à leur passion : l'art de la table. On s'imagine alors siroter un Martini, une coupe de champagne ou tout simplement un soda dans l'un des nombreux verres mis en scène comme une véritable œuvre d'art (avec une mention spéciale pour les créations de Paola Navone, décorées de sérigraphie d'or ou d'argent, 22,50 €).

LE MÉNAGE VERSION DESIGN

Un aspirateur présenté dans un showroom comme un objet de design, qui l'eût cru ? Pourtant, le modèle mis au point par James Dyson à la fin des années 1970 et commercialisé dès 1986 trône ici sur des estrades blanches, telle l'œuvre d'un grand maître. Récompensé par de nombreux prix et exposé au centre Georges-Pompidou, cet objet répond, pour son créateur, à la définition du design. Fonctionnalité – fini le traditionnel sac en papier – et esthétisme – jeu de transparence et de couleurs vives – font bon ménage. **Dyson.** 64, rue La Boétie, 8e. M° Saint-Philippe-du-Roule Tél. 01 56 69 79 79. www.dyson.fr

---

Chône

60, rue Vieille-du-Temple, 3e. M° Chemin-Vert ou Hôtel-de-Ville
Tél. 01 44 78 90 00
Le lundi de 14h à 19h et du mardi au samedi de 11h à 19h
Vaisselle signée. Les vases d'Alvar Aalto, les couverts d'Antonio Citterio, la carafe d'Alberto Meda, la vaisselle d'Alfredo Haberli... Ici, une quantité d'objets fonctionnels et esthétiques, la définition même du design en somme.

Xanadou

10, rue Saint-Sulpice, 6e. M° Odéon
Tél. 01 43 26 73 43
Du mardi au samedi de 11h à 13h et de 14h à 19h
Architectes et designers en vedette. Dans cette petite boutique très bien remplie, on s'emballera devant un dessous-de-plat en forme de brindilles des frères Campana (39 €), un tire-bouchon coloré d'Alessandro Mendini (69 €), des coupes d'apéritif de Stefano Giovannoni (12 €)... Bref, tout le nécessaire pour dresser une table 100 % design.

Alessi

31, rue Boissy-d'Anglas, 8e. M° Madeleine
Tél. 01 42 66 31 00. www.alessi.it
Du lundi au samedi de 10h à 19h
Table version ludique. Un coquetier caché sous un chapeau ou des cuillères translucides qui tiennent debout... ici, la table joue la carte ludique. En vedette, les joyeux ustensiles utiles de Philippe Starck et de Stefano Giovannoni. À leurs côtés, plus de huit décennies de créations familiales. Fondée dans les années 1920, la maison Alessi, "usine à rêves" qui a changé radicalement notre regard sur les humbles tâches ménagères, a su s'imposer en Italie avant de débarquer en France avec un seul mot d'ordre : offrir des objets d'art pour la table à des prix abordables. Résultat, les bouilloires, tasses et autres objets indispensables revêtent des formes et des couleurs pleines de gaieté. Pas étonnant donc que Starck ait rebaptisé Alessi "le marchand de bonheur".

Quand le design se met à table

► Restos et bars

Les designers ne se contentent pas de nous dessiner des assiettes et des tables, ils imaginent aussi le lieu qui s'y accorde. Résultat, des bars et des restaurants relookés par des pointures fleurissent ici ou là. Tour d'horizon – non exhaustif.

Délicabar

La Grande Épicerie du Bon Marché, 1er étage. 26, rue de Sèvres, 7e
M° Sèvres-Babylone
Tél. 01 42 22 10 12
Comptez entre 15 et 20 € pour un repas
Une halte design. Après avoir essayé une robe chez Vanessa Bruno, craqué pour un pantalon au Comptoir des Cotonniers et lorgné sur un top Zadig & Voltaire, une pause s'impose ! Filez donc au snack chic du Bon Marché. Là, Claudio Colucci s'en est donné à cœur joie en imaginant cette ambiance épurée et colorée dans la petite salle intérieure et sur la terrasse logée entre quatre immeubles.

Pause Café

41, rue de Charonne, 11e. M° Bastille ou Ledru-Rollin
Tél. 01 48 06 80 33
À la mode. C'est la terrasse où il faut être vu(es) dans le 11e. Mais ce qui vaut le détour ici, ce sont les chaises déstructurées dessinées par les Tsé-Tsé. Mais elles sont à l'intérieur. Remarquez, en hiver on est au mieux au chaud...

Wax Bar

15, rue Daval, 11e. M° Bastille
Tél. 01 40 21 16 16. www.le-wax.com
Du mardi au jeudi de 18h à 2h, le vendredi et samedi de 18h à 5h
Il leur fallait les meilleurs ! Ils ont fait appel à XXO (voir p. 87). Les pros des sixties et des seventies ont donc retapissé ce lieu à leurs couleurs : du pop, encore et toujours du pop. Résultat, dans une ambiance un brin psychédélique, on sirote son verre dissimulé

dans un fauteuil Ballon d'Eero Arnio, avant de se déhancher sur la piste, envoûté par les sons électros.

Hôtel Costes

81, avenue Kléber, 16ᵉ. Mº Boissière
Tél. 01 44 05 75 75
Grande classe. Une petite envie de design à 4 heures du mat ? Filez au bar de l'hôtel, ouvert aux badauds 24 heures sur 24. Là, la déco est signée Olivier Mourgue, Roger Tallon, Jasper Morrison… Pour les touristes – fortunés, cela va sans dire – Charles & Ray Eames, Marc Newson ou Verner Panton offrent quelques-unes de leurs plus fameuses créations en guise de compagnes de chambrée. Ou comment rêver les yeux ouverts.

► À table chez…

Philippe Di Méo

• *R'Aliment.* 57, rue Charlot, 3ᵉ. Mº Filles-du-Calvaire
Tél. 01 48 04 88 28
• *Biotifull Place.* 1ᵉʳ étage du Printemps de la Beauté. 69, boulevard Haussmann, 9ᵉ. Mº Havre-Caumartin
Tél. 01 42 82 77 44
Bien-être. Des meubles aux couleurs rafraîchissantes et des recettes bio dans l'assiette, tel est le concept des restaurants signés Philippe Di Méo, à la tête de l'agence ResoDesign.

Patrick Jouin

• *Plaza Athénée.* 25, avenue Montaigne, 8ᵉ. Mº Franklin-D.-Roosevelt ou Alma-Marceau
Tél. 01 53 67 65 00
• *59 Poincaré.* 59, avenue Raymond-Poincaré, 16ᵉ. Mº Victor-Hugo
Tél. 01 47 27 59 59
• *BE.* 73, boulevard de Courcelles, 17ᵉ. Mº Ternes ou Courcelles
Tél. 01 46 22 20 20
Entre chefs. Les assiettes qu'il dessine pour le restaurant Bar et Bœuf de Ducasse à Monaco l'ont propulsé sur le devant de la scène. Et ce n'était qu'un début. Depuis, le designer signe pour le célèbre chef des lieux à sa mesure.

Andrée Putman

• *Lô Sushi.* 1, rue du Pont-Neuf, 1er. M° Pont-Neuf
Tél. 01 42 33 09 09
et 8, rue Berri, 8e. M° George-V
Tél. 01 45 62 01 00
• *Pershing Hall.* 49, rue Pierre-Charon, 8e. M° George-V, Franklin-D.-Roosevelt ou Alma-Marceau
Tél. 01 58 36 58 00

Star. La grande dame de l'aménagement intérieur a posé sa marque dans plusieurs lieux à la déco épurée.

Philippe Starck

• *Le Kong.* 1, rue du Pont-Neuf, 1er. M° Pont-Neuf
Tél. 01 40 39 09 00
• *Bon I.* 25, rue de la Pompe, 16e. M° La Muette
Tél. 01 40 72 70 00
• *Bon II.* 2, rue du Quatre-Septembre, 2e. M° Bourse ou Quatre-Septembre
Tél. 01 44 55 51 55
• *Baccarat.* 11, place des États-Unis, 16e. M° Boissière
Tél. 01 40 22 11 10

Éclectique. Philippe Starck ne se contente pas de dessiner des brosses à dents et des fauteuils... Des preuves ? Pour une ambiance manga, rendez-vous au sommet de l'ancienne Samaritaine, au Kong, et pour suivre le cours du CAC 40 en sirotant un verre, au Bon II. Les verres en cristal au look un brin désuet ne sont pas forcément incompatibles avec la création actuelle : il signe chez Baccarat, dans hôtel particulier, un lieu à l'atmosphère féerique.

Salle de bains design

Boffi Bains

• *12, rue de la Chaise, 7e. M° Sèvres-Babylone*
Tél. 01 45 49 93 46
• *226, boulevard Saint-Germain, 7e. M° Rue-du-Bac*
Tél. 01 45 49 09 59

Bains italiens. Marque mythique, Boffi s'est imposée. Dans une salle de bains ou au milieu de la chambre, les baignoires s'affichent telles des œuvres d'art, des créations d'exception qui font du bain un pur moment de plaisir. Récemment, l'enseigne a entamé une collaboration avec DuPont, créateur du Corian, imaginant ainsi des baignoires aux qualités esthétiques et fonctionnelles indiscutables.

Sopha Industries

44, rue Blanche, 9e. M° Blanche
Tél. 01 42 81 25 85. www.sopha.fr

Pour buller. La baignoire majestueuse trône, seule, au milieu de la pièce telle une sculpture : celle de Peter Buchele s'expose en Inox, rayonnante tandis que celle de Matteo Thun, aux lignes organiques, se pavane, immaculée. La douche revêt, elle aussi, des formes inattendues : structure enroulée pour la version signée Matteo Thun et Berger & Sthal et tendance épurée pour le pommeau aux allures de cobra de Adri Haze-broek. Ici, se glisser sous un jet d'eau ou buller dans un bain bouillonnant n'a rien à voir avec un simple moment "hygiénique". Plaisir des sens garanti.

Cascade Design

32, boulevard de la Bastille, 12e. M° Bastille
Tél. 01 44 68 10 60
Du lundi au vendredi de 9h à 13h et de 14h à 19h, le samedi de 10h à 13h et de 14h à 19h

Bains chicos. Finies les salles de bain fadasses, place à la nouvelle génération en acrylique, en teck, sur roulettes... Des exemples ?

Un modèle mi-blanc mi-fluo dessiné par Matali Crasset pour l'hôtel Hi de Nice, un autre en alu poli signé Andrée Putman, ou encore un total acrylique équipé de poignées et d'une tablette imaginé par Richard Janousek. Inconditionnels de la douche, rassurez-vous ! Parmi les vasques, les Jacuzzis et les saunas trônent aussi de monumentaux pommeaux.

DESIGN AUX BALCONS

Nos lopins de terre, aussi, ont droit au design. Pour preuve, Fermob, spécialiste en la matière, fait appel à des pros – Pascal Mourgue, Patrick Jouin, Frédéric Sofia – pour dessiner transats, bains de soleil, tables et fauteuils… Bref, de quoi faire, en toute élégance, salon au jardin.

Fermob. 81-83, avenue Ledru-Rollin, 12ᵉ. Mᵒ Ledru-Rollin
Tél. 01 43 07 17 15. www.fermob.com
Du lundi au samedi de 10h à 19h

4

Un air rétro

"L'humble chaise de jadis se transforme – du moins
actuellement – en un objet profondément séduisant."

George Nelson, 1953

Années 1950, décennie charnière pour le mobilier. De nouveaux matériaux voient le jour, la production industrielle se généralise et le métier de designer fait son apparition. Jusque-là, un meuble était le fruit du travail d'un seul homme, l'ébéniste. Dorénavant, il est l'objet d'une collaboration entre un designer, le concepteur, et un industriel, le fabricant. Dès lors, l'idéologie fonctionnaliste tient le haut du pavé : en deux mots, la beauté de l'œuvre vient de son respect de la fonction et non d'un décor ajouté. Et pour atteindre cet objectif, les architectes sont de plus en plus nombreux à dessiner des meubles, considérés comme partie intégrante de leur œuvre (Le Corbusier et Charlotte Perriand en sont de parfaits exemples).

Les années 1960 et 1970, elles, sont marquées par les progrès technologiques. De nouveaux matériaux jamais utilisés auparavant dans le mobilier font leur apparition : plastique, PVC gonflable, carton... la victoire de la fantaisie et du confort, des formes fluides et ondulatoires. C'est aussi au cours des années 1970 que certains meubles de créateurs sont mis en vente dans les grands magasins ou par correspondance. Toutes ces créations, pas toujours appréciées à leur juste valeur à leur époque, font aujourd'hui figures de vestiges et s'arrachent à prix d'or (une chaise signée Jean Prouvé peut frôler les 20 000 € !).

Quelques assises-clés, pour refaire l'Histoire

1945 : les Américains Charles & Ray Eames mettent au point la Lounge Chair Wood, célèbre chaise en contreplaqué, au moyen d'une technique nouvelle.

1948 : Charles & Ray Eames imaginent une série de sièges avec une coque en plastique (Rocking Arm Chair Rod, Dining Arm Chair Rod...), innovation technologique révolutionnaire.

1950 : Harry Bertoia, Américain d'origine italienne, crée une série d'assises en fils d'acier (chaise Diamond) éditées par Knoll et entièrement fabriquées à la main.

1951 : le Danois Arne Jacobsen imagine la fameuse chaise Fourmi, en contreplaqué, qui lui permettra d'asseoir sa réputation.

1953 : la Française Charlotte Perriand dessine la chaise Synthèse des Arts, mêlant influences orientale et occidentale.

1955 : Eero Saarinen signe la Tulipe, une chaise munie d'une coque en fibre de verre moulée sur un pied en fonte d'aluminium. Une révolution pour ce designer finlandais qui tenait à débarrasser la maison de ce "misérable fouillis de pieds".

1956 : George Nelson, Américain précurseur du Pop Design, dessine le canapé Marshmallow, composé de pastilles recouvertes de vinyle aux couleurs vives.

1956 : le Japonais Sori Yanagi imagine le tabouret Butterfly, parfaite synthèse des cultures occidentale et orientale, de l'artisanat traditionnel et de la technologie industrielle.

1957 : Arne Jacobsen conçoit pour le Royal Hôtel de Copenhague les célèbres fauteuils Egg empruntant leur forme aux œufs.

1957 : l'Italien Achille Castiglioni détourne la selle de vélo pour en faire le tabouret à bascule Sella.

1958-1960 : le Danois Verner Panton imagine le fauteuil Cone à la forme conique et aux couleurs vives et la fameuse Panton Chair, premier siège moulé par injection en un seul matériau et une pièce.

1967 : Gionatan De Pas, Donato D'Urbino, Paolo Lomazzi et Carla Scolari innovent avec la première assise gonflable, le fauteuil Blow, icône de la culture populaire des années 1960.

1967 : le Français Pierre Paulin dessine Langue 577 à la confortable forme arrondie.

1968 : Eero Aarnio revisite le traditionnel rocking-chair avec Pastille, une assise vert pomme à la forme organique en polyester moulé renforcé de fibre de verre. Il signe, quelques années auparavant, le fauteuil Ball, ou Globe, dans lequel on peut se dissimuler.

1968 : le Français Olivier Mourgue dessine Bouloum, une assise aux allures humaines.

1968 : le trio italien Piero Gatti, Cesare Paolini et Franco Teodoro mettent sur pied Sacco, un sac de vinyle rempli de billes de polystyrène s'adaptant à toutes les positions de l'utilisateur.

1969 : l'Italien Gaetano Pesce se livre à une métaphore de la femme enchaînée à un boulet avec ses assises Up5 et Up6.

1970 : Roberto Sebastian Matta s'inspire du chapeau melon et de la pomme, présents dans les toiles de Magritte, pour créer MagriTTA.

1972 : Studio 65 imagine la banquette Marilyn (en hommage, bien sûr, à Marilyn Monroe) aux allures de bouche pulpeuse.

1988 : le Britannique Tom Dixon imagine la S chair en jonc qui emprunte sa forme à la 19e lettre de l'alphabet.

1990 : Philippe Starck, après quelques projets d'architecture intérieure, se lance dans le mobilier : la chaise Dr Glob en plastique moulé par injection contribue à sa notoriété.

1997 : l'Israélien Ron Arad met au point la Tom Vac déclinée avec différents piétements.

À Paris, plusieurs lieux, tenus par des férus de la chine, mettent ces meubles et ces objets à l'honneur et les vendent, le plus souvent, en l'état. Tour d'horizon...

L'âge d'or

Le Corbusier, Charlotte Perriand et Jean Prouvé sont, de manière incontestable, quelques-unes des stars des années 1950. De nombreux marchands en ont fait leur fond de commerce. Avis aux amateurs.

Teisso

81, rue Vieille-du-Temple, 3ᵉ. Mᵒ Filles-du-Calvaire
Tél. 01 48 04 59 07
Du lundi au samedi de 12h à 19h
Vintage. Cela fait déjà six ans que cette petite galerie expose et vend en l'état des meubles d'architectes des années 1940 à nos jours, avec une préférence pour ceux signés de nos stars nationales.

Galerie Down Town

33, rue de Seine, 6ᵉ. Mᵒ Saint-Germain-des-Prés ou Mabillon
Tél. 01 46 33 82 41
Du mardi au samedi de 10h30 à 13h et de 14h à 19h
Un lieu réputé. Depuis près de vingt ans, cette petite galerie expose (et vend) le mobilier de Charlotte Perriand, Jean Prouvé, Le Corbusier, Charles & Ray Eames.

Galerie 54

54, rue Mazarine, 6ᵉ. Mᵒ Odéon
Tél. 01 43 26 89 96. www.galerie54.com
Du mardi au samedi de 11h à 13h et de 14h30 à 19h
Sous toutes les facettes. Éric Touchaleaume est un inconditionnel de Jean Prouvé. Au point qu'il n'hésite pas à s'envoler pour l'Afrique pour suivre sa trace. À son retour, il offre à son public d'intéressantes expositions, moyen de se familiariser avec l'œuvre du designer, conçue spécialement pour les anciennes colonies.

Galerie Patrick-Seguin

5, rue des Taillandiers, 11ᵉ. Mᵒ Bastille ou Ledru-Rollin
Tél. 01 47 00 32 35. www.patrickseguin.com
Du lundi au samedi de 10h à 19h
International ! Dans ce magnifique et sobre showroom de 300 m²

remanié par l'architecte Jean Nouvel, Patrick Seguin, spécialiste ès design, expose nombre de créations des années 1950. En tête, comme prévu, les meubles du trio Perriand-Le Corbusier-Prouvé, mais aussi les luminaires de Serge Mouille, dont une grande partie est visible sur le site Internet. À noter, cette galerie réputée organise occasionnellement des expositions à l'autre bout du monde : en 2004, les œuvres de Charlotte Perrriand et Jean Prouvé s'envolaient ainsi pour Beverly Hills...

Jousse Entreprise

34, rue Louise-Weiss, 13ᵉ. M° Quai-de-la-Gare
Tél. 01 53 82 13 60. www.jousse-entreprise.com
Du mardi au samedi de 11h à 19h

D'origine. Les Puces d'abord, Bastille ensuite, le 13ᵉ arrondissement enfin... la famille Jousse a ouvert successivement plusieurs espaces consacrés au mobilier d'architectes des années 1950 à nos jours, avec un focus spécial sur les créations de Charlotte Perriand, Jean Prouvé, Serge Mouille, Mathieu Matégot... Bref, des valeurs sûres vendues en l'état.

LA FONDATION LE CORBUSIER, LE MAÎTRE EN SA DEMEURE

Le Corbusier (1887-1965) est certainement l'un des architectes les plus connus du début du siècle. Auteur du concept de "machines à habiter", il cherche dès les années 1920 à industrialiser les logements populaires. Dans cette optique, il imagine avec son cousin Pierre Jeanneret et la jeune designer Charlotte Perriand des meubles fonctionnels, essentiellement en acier tubulaire, conçus comme des "équipements de l'habitation".

Dans cette villa, construite en 1923 avec son cousin, est aujourd'hui installée une fondation qui lui est entièrement dédiée. Sa vocation ? Éviter la dispersion des études, plans, créations plastiques de l'architecte-designer et organiser des événements autour de son œuvre.

Maison La Roche. 8-10, square du Docteur-Blanche, 16ᵉ.
M° Jasmin. Tél. 01 42 88 41 53. www.fondationlecorbusier.fr
Le lundi de 13h30 à 18h, du mercredi au vendredi de 10h à 12h30 et de 13h30 à 18h, le samedi de 10h à 17h

Du kitsch et du pop : sixties et seventies

Chez Maman

4, rue Tiquetonne, 2e. M° Étienne-Marcel
Tél. 01 40 28 46 09
Du lundi au samedi de 11h30 à 19h30

Mode rétro. "Il est venu le temps des rires et des chants (...) dans l'île aux Enfants, c'est tous les jours le printemps(...)." Si cette mélodie est n° 1 à votre hit-parade, cette boutique est pour vous. En vitrine, trônent de sympathiques Casimir (souvenirs de jeunesse à 30 €), mais aussi un paquet d'autres accessoires et objets bizarres des années 1960 et 1970. Entre une Panton Chair et des sacs Marimekko, on peut donc dégoter un buste de Twiggy, mannequin vedette à cette époque (65 €), des réveils désuets, des mange-disques... de quoi surfer sur la vague rétro.

LE TABOURET TAM TAM, UN OBJET CULTE

Objet des années 1970 par excellence, le tabouret Tam Tam a fait, en 2002, un come-back remarqué. Retour sur l'histoire de sa naissance. 1968 : Henry Massonnet, alors fabriquant de seaux et de glacières en plastique pour la pêche, réalise que les fous de poissons n'ont que l'herbe pour s'asseoir en attendant que ça morde. Qu'à cela ne tienne, notre homme leur dessine, en deux coups de crayon, un tabouret démontable. Un flop : le diabolo en plastique composé de deux blocs n'est pas si facile à transporter. En peu de temps, cet objet tombe aux oubliettes. Mais pas pour longtemps.

1969 : les photos de Brigitte Bardot prenant la pause sur le tabouret dans sa maison de la Madrague inondent la presse. C'est le début d'une nouvelle vie pour le Tam Tam : 12 millions d'exemplaires sont vendus en dix ans. Un succès. 2002 : la société Branex offre à cet objet culte, entré au MoMa de New York, une seconde vie. Fabriqué dans le moule d'origine, il renaît de ses cendres. Décliné dans des coloris inédits (fluos, à paillettes, transparents...), il a même droit à une garde-robe rien que pour lui (denim, skaï, résille...) ! Tél. 01 42 49 17 33. www.tamtam-branex.com (renseignements et points de vente)

Galerie Dansk

31, rue Charlot, 3e. M° Filles-du-Calvaire
Tél. 01 42 71 45 95. www.galeriedansk.com
Du mardi au samedi de 14h à 19h

Du vintage, rien que du vintage. Dans cette petite galerie, les designers danois des années 1950 à 1970 ont la part belle. On y dégote, entre autres, les créations du célébrissime Arne Jacobsen (la Fourmi, icône du design sur la scène internationale, c'est lui !), et du non moins connu Verner Panton, auteur de sièges et installations colorés un brin psychédéliques... Bref, quelques créations qui représentent à merveille la philosophie danoise : imaginer des objets et des meubles utiles mais surtout durables. La preuve, ces créations quinquagénaires n'ont pas pris une ride.

NeC

117, rue Vieille-du-Temple, 3e. M° Filles-du-Calvaire
Tél. 01 42 77 88 83
Du mardi au samedi de 11h à 20h

Plastique à l'honneur. Trois lettres, deux hommes. Roger Nilsson et Alain Chiglien, respectivement danseur et ancien styliste de mode, ont donné leurs initiales à leur galerie. Inconditionnels du plastique, ils le défendent avec ferveur (avec du mobilier scandinave des années 1950 aux années 1980), et veillent à faire vivre leur petit espace en organisant chaque mois des installations différentes. Lors de notre passage, un mur entier était recouvert d'une création orange et violette, en plastique bien sûr, signée Verner Panton. Mais, depuis, cette installation a quitté la rue Vieille-du-Temple, rachetée à prix d'or (dont on nous a tu le montant, c'est un secret paraît-il) par un grand musée national. Preuve que le duo déniche des œuvres d'or !

Dansk Mobelkunst

53 bis, quai des Grands-Augustins, 6ᵉ. Mº Saint-Michel ou Odéon
Tél. 01 43 25 11 65. www.dmk.dk
Du mardi au samedi de 11h à 19h

Authentique. Dans cette lumineuse galerie, les meubles signés des plus grands designers scandinaves ont la vedette, avec une attention toute particulière pour les Danois. Au hasard, on trouve la Cone Chair – à la forme conique comme son nom l'indique –, création culte datant de la fin des années 1950 signée Verner Panton (1 200 €), une chaise longue d'Alvar Aalto (7 400 €), la Arm Chair d'Arne Jacobsen (1 345 €). Que du beau meuble !

ATTENTION, BONS PLANS !
Les Puces du Design

Un fauteuil orange dessiné par Pierre Paulin, une lampe signée Vico Magistretti, un fauteuil en grillage chromé d'Harry Bertoia estampillé Knoll… et tout ça sur le trottoir ! Les Puces du Design s'installent deux fois par an sur le bitume du quartier Montorgueil. Au programme, une trentaine de spécialistes français et étrangers rigoureusement sélectionnés exposent pendant quatre jours des éditions originales (en bon état uniquement !) des années 1950, 1960 et 1970. Un moyen, efficace, de donner un coup de fouet au quartier selon l'instigateur de l'événement, Fabien Bonillo, le propriétaire de la galerie La Corbeille. Pour dénicher de bonnes affaires, mieux vaut être très matinal, les pros sont sur le pied de guerre dès l'aube…

Organisées au printemps et à l'automne par la galerie La Corbeille.
5, passage du Grand-Cerf, 2ᵉ. Mº Étienne-Marcel
Tél. 01 53 40 78 77. www.pucesdudesign.com

Le top pour les collectionneurs

Deux fois par an, Henry Pesah organise des "braderies" de design.
L'idée ? Proposer à des prix compétitifs d'une part, des pièces,
neuves ou d'exposition, encore éditées (mobilier, luminaire, objet),
d'autre part, des collectors des années 1980 essentiellement, quasi-
ment introuvables. On y déniche donc beaucoup de créations de
Philippe Starck, star des eighties, et du Hollandais Borek Sipek
(prototypes, pièces signées et/ou numérotées…). Une mine d'or.
Tél. 06 73 01 59 80. www.design80etc.com

Au paradis du vintage

Chaque week-end aux Puces de Saint-Ouen, des dizaines de marchands déballent leurs marchandises sur le bitume. Entre des luminaires rococo et des fauteuils Louis-XV se nichent des stands
consacrés au design des années 1950 aux années 1980. Pour les découvrir, attardez-vous dans le marché des Rosiers (3, rue Paul-Bert)
spécialisé dans l'Art déco, l'art nouveau et le design, et dans les
ruelles à ciel ouvert du marché Paul-Bert (rue des Rosiers). Trouvailles assurées. Du vendredi au dimanche.

Le juste prix

Pour négocier – si nécessaire – jetez un coup d'œil sur le livre de
Jean-Michel Homo, *La cote 2004 du design*. Histoire de savoir ce
que vaut la création du designer de vos rêves. Les adresses men-
tionnées dans ce chapitre vendent du vintage (des créations
d'époque en l'état – c'est-à-dire qui n'ont subi aucune modifica-
tion – ou restaurées depuis). Ce qui n'a rien à voir avec la réédition
(un modèle imaginé il y a plusieurs décennies certes, mais sorti des
usines récemment). Enfin, pour être sûr de l'authenticité de l'un
de vos achats, misez sur la bonne foi des marchands, car délivrer un
certificat d'authenticité n'est pas monnaie courante dans ce milieu.

Galerie italienne

71, boulevard Raspail, 6e. M° Rennes ou Sèvres-Babylone
Tél. 01 45 49 21 68. www.pron.it
Du mardi au samedi de 14h à 19h

Dolce vita. Une bonne adresse parisienne pour se familiariser avec le design italien des années 1950 à aujourd'hui. Au programme, des objets et des meubles signés des plus grands designers transalpins (Ettore Sottsass, Gaetano Pesce, Michele de Lucchi, Alessandro Mendini...), et souvent, des pièces uniques, telle cette reconstitution à l'identique d'un appartement réalisé et décoré par Ettore Sottsass en 1953 à Milan.

Galerie Yves-Gastou

12, rue Bonaparte, 6e. M° Saint-Germain-des-Prés
Tél. 01 53 73 00 10. www.galerieyvesgastou.com
Du mardi au samedi de 11h à 13h et de 14h à 19h

Explorateur. Cet antiquaire passionné par les années 1940 n'est pas monomaniaque. Du coup, il organise de temps en temps des expositions consacrées aux décennies suivantes. C'est d'ailleurs ici que l'on a découvert la toute jeune maison d'édition Perimeter, qui s'est fait un point d'honneur à ressortir des abîmes Jeanette Laverrière, une créatrice de mobilier dans les années 1950, quelque peu oubliée.

La Galerie moderne

52, rue Mazarine, 6e. M° Mabillon
Tél. 01 46 33 13 59. www.lagaleriemoderne.com
Du mardi au samedi de 14h à 19h

Dans cet espace de poche, on slalome entre les trouvailles de Pierre Boogaerts. Ce farfouilleur-né expose ici des meubles et des luminaires datant des années 1950, 1960 et 1970 signés Charles Eames, Arne Jacobsen et, souvent, Gaetano Pesce. Pourtant ce n'est qu'une vitrine : l'homme conserve un paquet de créations dans son entrepôt de 250 m^2.

Schmock-Broc

15, rue Racine, 6ᵉ. Mº Odéon
Tél. 01 46 33 79 98
Du lundi au vendredi de 13h à 20h et le samedi de 10h30 à 19h30

Audacieuse, cette boutique ouvre au début des années 1990. Son credo ? Chiner des meubles et des objets des années 1950 à 1970 avec une préférence pour le plastique. Pas nécessairement signées, ces créations sont proposées à des prix abordables. "À l'époque, on s'est fait insulter, les gens ne comprenaient pas" confie la tenante des lieux. Aujourd'hui, ce bric-à-brac surfe sur la vague de la mode rétro. Mais la responsable déplore néanmoins cette tendance : "Les personnes qui entrent ne font pas forcément la différence entre vintage et réédition. Le comble ? Il y en a certaines qui nous demandent des catalogues !" Alors, on vous le dit : ici, c'est 100 % d'origine !

Dream on Gallery

70, boulevard Beaumarchais, 11ᵉ. Mº Filles-du-Calvaire
Tél. 01 43 38 50 25
Du lundi au samedi de 14h à 20h et sur rendez-vous

Un air de 68. Envie de vous prendre pour Romain Duris dans *Le Péril Jeune* ? Pas si compliqué. Dans ce magasin sur deux niveaux, tous les meubles et les objets dignes de décors de cinéma sont à vendre certes, mais aussi à louer. Un gigantesque bureau, les fameux téléphones orange (40 € à la vente), les pommes-glacières de notre enfance (25 €)... C'est toute une époque révolue qui reprend vie grâce à Stéphane Rault, inconditionnel du plastique coloré, qui déniche chaque semaine depuis près de dix ans des vestiges des années 1950, 1960 et 1970, de la plus petite babiole au meuble majestueux.

Forme utile

5, passage Charles-Dallery, 11e. M° Voltaire
Tél. 01 43 55 26 07 et 06 07 79 89 97
Du mercredi au samedi de 14h à 19h et sur rendez-vous

Rétro. Une petite boutique qui vaut le détour, nichée entre l'avenue Ledru-Rollin et la rue de Charonne. Ici, Richard Poulet expose du mobilier, des luminaires et quelques objets des années 1950 et 1960 à des prix justes. Son but ? Que la pièce ait un intérêt, qu'importe qu'elle soit signée d'un nom réputé ou non.

Soft

27, rue de Charonne, 11e. M° Bastille
Tél. 01 43 14 22 50
Du lundi au samedi de 11h à 19h

Minigalerie pour pièces grandioses. Ici, Éric Gros de Beler propose du mobilier (autour de 1 000 € le fauteuil d'Arne Jacobsen), de la vaisselle, des luminaires, toujours signés, des années 1950 aux années 1980.

DESIGN À PRIX D'OR : LES VENTES AUX ENCHÈRES

Dans une salle de ventes ou sur le web, les enchères font la part belle au design. Chez Tajan, deux ventes annuelles mettent le design à l'honneur. Mais compte tenu des résultats des ventes précédentes, mieux vaut avoir un peu d'argent de côté (44 800 € une ménagère de Gae Aulenti, 2 000 € le lot de 4 chaises de Verner Panton). Chez Artcurial sont également organisées des ventes aux enchères de créations des années 1950 à nos jours. Fin 2004, la maison a ainsi consacré une séance à la maison d'édition XO à l'occasion de ses vingt ans. Sur le site web d'Ebay, plus de 500 objets répondent à la requête design. Après avoir fait le tri, on peut réussir à dénicher un objet rare à prix raisonnable.

- www.tajan.com
- www.artcurial.com
- www.ebay.com

Les Temps Modernes

2, rue Théophile-Roussel, 12ᵉ. Mᵒ Ledru-Rollin
Tél. 06 11 60 30 03. www.tempsmodernes-design.com
Du jeudi au samedi de 10h à 20h, le dimanche jusqu'à 14h30 et sur
rendez-vous

La maison rêvée. Chiner était une passion, vendre ses découvertes
est un bonheur. Dans cet espace de 50 m², Jérôme a recréé, en janvier 2004, une maison avec du mobilier français, danois et italien
d'origine. Côté bureau, il expose de nombreux secrétaires, "un
meuble que l'on ne fabrique malheureusement plus aujourd'hui mais
qui est tout à fait adapté aux petits intérieurs parisiens. On peut
d'ailleurs facilement y installer un écran plat et un lecteur DVD, qui
deviennent invisibles une fois le meuble fermé", poursuit-il. Astucieux... Côté salle à manger, les chaises (à partir de 120 €) et les
tables datant des années 1950 à 1970 sont mises en scène : la table
est dressée avec de la vaisselle d'époque et quelques fruits, en pro-
venance du marché d'Aligre tout proche, lui donnent une touche
vivante. Une réussite. Les clients viennent, reviennent et finissent
par se sentir chez eux. À tel point que Jérôme les a rebaptisés ses
"cli-mis", contraction de clients et amis. Faites-y un tour, vous y
serez bien reçu.

Galerie de Casson

45, boulevard Vincent-Auriol, 13ᵉ. Mᵒ Quai-de-la-Gare
Tél. 01 45 86 94 76. www.decasson.com
Du mardi au samedi de 14h à 19h

Paulin et Boyer superstars. Guillaume de Casson rêvait d'une boutique rue Louise-Weiss, haut lieu des galeries d'art contemporain,
mais il a dû se contenter d'une adresse à quelques pas de là, boulevard Vincent-Auriol. Cela n'a pas pour autant bouleversé ses plans :
des expositions consacrées au mobilier des années 1960 et 1970 en
général, et à Pierre Paulin et Michel Boyer en particulier.

UN LIEU HORS NORME

Quand Yvon Poullain, industriel et mécène passionné par les années 1930, investit ce bâtiment (dessiné par l'architecte Rob Mallet-Stevens pour le maître-verrier Louis Barillet qui y concevait ses vitraux), c'est pour mettre à l'honneur son ami Yonel Lebovici (1937-1998). Ici, ses luminaires hors norme en résine acrylique se dévoilent aux yeux du public, plus proches de sculptures lumineuses que de banales lampes… De temps à autre, le lieu reçoit également de belles expositions consacrées au design.

Le square de Vergennes. 15, square de Vergennes, 15e.
M° Vaugirard
Tél. 01 56 23 00 22. www.15squaredevergennes.com
Du mardi au samedi de 12h à 19h. 5 € plein tarif, 2,5 € tarif réduit

Le square de Vergennes héberge aussi MatériO, une matériauthèque dédiée à tous les métiers de création. Sa vocation : réunir les créateurs et les professionnels de l'industrie. Son objectif : permettre aux uns de ne pas se limiter dans leurs créations, et aux autres de trouver une application sur mesure à leurs produits. Pour cela, MatériO expose dans son showroom les échantillons des milliers de matériaux proposés, ainsi que des matériaux recensés dans une base de données consultable sur Internet.

MatériO. Tél. 01 56 23 20 00. www.materio.com

Objets retrouvés

25, rue La Condamine, 17e. M° La Fourche
Tél. 01 55 30 05 04
Le mardi de 13h à 20h, le mercredi de 12h à 19h, le jeudi et vendredi de 13h à 20h, le samedi de 11h à 19h

Renaissance. Installé à quelques encablures de l'avenue de Clichy depuis septembre 2003, cet ex-graphiste du 11e arrondissement a préféré s'éloigner de son quartier branché pour apporter un peu de vie du côté des Batignolles. Dans sa petite boutique, il expose, dans un joyeux bazar, des lampes, des portemanteaux, de la vaisselle… autant de vestiges du quotidien des années 1940 aux années 1970, généralement non signés.

Christine Diegoni

47 ter, rue d'Orsel, 18e. M° Abbesses ou Anvers
Tél. 01 42 64 69 48
Du mardi au samedi de 14h à 19h

Haut de gamme. Envie d'une authentique table du couple américain Charles & Ray Eames ? D'une chaise signée Charlotte Perriand ? Ou d'une lampe d'origine dessinée par l'Italien Gino Sarfatti ? Filez chez Christine Diegoni. Dans cette galerie, le design du XXe siècle est roi depuis vingt ans. Et tout particulièrement les meubles d'architectes des années 1950 et 1960. Le coup de cœur est inévitable, mais le coup de chaud devant les étiquettes aussi !

Pages 50/70

15, rue Yvonne-le-Tac, 18e. M° Abbesses
Tél. 01 42 52 48 59
Du mardi au samedi de 14h à 19h

Bel et bon. Lassé de "faire de l'argent", Olivier Verlet plaque tout en 1997 pour se consacrer à sa passion. Des brocantes aux foires en passant par les vide-greniers, il chine pour approvisionner sa boutique. Sa devise ? Que les objets soient rares et en bon état. La vaisselle et la céramique des années 1950 et 1960 trônent ici en bonne place, même si la vraie vedette est un petit hippopotame en bois qu'Olivier a dégoté lors de ses pérégrinations et qui a trouvé sa vocation : distribuer les cartes de visite de son maître. Rien que pour lui, l'adresse vaut le détour.

Spree

16, rue de la Vieuville, 18ᵉ. Mº Abbesses.

Tél. 01 42 23 41 40

Du mardi au samedi de 11h à 19h30

Passionnés. Dans cette ancienne imprimerie reconvertie en 2001 par Bruno Hadjadj et sa femme, la passion règne en maîtresse absolue. Passion du design pour lui, celle de la mode pour elle. Si, du coup, les jolis vêtements ont une belle place chez Spree, côté mobilier, le designer hollandais Friso Kramer, héritier de Jean Prouvé et chouchou de Monsieur, tient la vedette. Encore peu connu du public français, il fait un tabac dans les pays scandinaves. Il est temps d'acheter ses pièces, encore abordables en France avant que sa cote ne grimpe. Conseil de spécialiste !

XXO

78, rue de la Fraternité, Romainville (93)

Tél. 01 48 18 08 88. www.xxo.com

Du lundi au vendredi de 9h à 18h30, le samedi de 13h30 à 18h30

Lieu unique. Un hangar de 3 500 m² où plus de 2 500 références de mobilier vintage sont stockées... non, vous ne rêvez pas ! Depuis 1998, Ben, Franck et Xavier, trois férus des sixties et des seventies, sont à la tête de cet immense espace où les meubles et les objets sont mis en scène dans des ambiances reflétant l'atmosphère de leur période de création. Au hasard : des tables Tam Tam, des chaises de Charles Eames, des luminaires de Verner Panton... Bref, une pléthore de créations destinées à la vente pour certaines, à la location pour d'autres. "Par exemple, le fauteuil Marilyn en forme de bouche créé par le Studio 65 en 1972 est un incontournable du design" confie le trio. "Nous nous devons de l'avoir à la location pour des films ou des publicités." Mais ce qui vaut vraiment le détour – il faut quand même enchaîner métro et bus pour arriver à destination ! – ce sont tous les bons plans dont le lieu regorge. Les meubles d'occasion d'abord. L'idée ? Si les meubles qu'ils récupèrent sont toujours édités – et qu'on peut donc les trouver neufs – ils bradent les prix. Par exemple, la chaise Tulipe d'Eero Saarinen, toujours éditée par Knoll, ne vaut ici que 250 €. L'espace "Meubles déclassés", ensuite. Le concept ? Proposer à prix riquiqui – près de trois fois moins cher – des fins de séries, des meubles d'exposition ou des commandes spéciales, le tout dans un état neuf. Certes, ces collections peuvent avoir trois ou quatre ans, mais à ce prix-là on peut bien snober la mode, non ? Enfin, on peut dénicher ici ce que l'on trouve nulle part ailleurs : les trois compères ont hérité du mobilier – esprit scoubidou rose – des frères Campana, dessiné pour feu le resto l'Est Parisien. L'occasion de s'offrir à prix réduit une pièce presque unique (soit 1 000 € la table produite en 40 exemplaires). À propos, XXO c'est pour Xtra Xtra Original… ça, on ne leur fait pas dire !

▶En bref, pour les chineurs-nés

Quelques brocantes parisiennes rassemblent dans leurs murs des objets et des meubles d'origine. Souvent non signés, il arrive que certains d'entre eux soient le fruit du travail d'un créateur de renom. Mais là, peu de chance qu'ils fassent de vieux os… Mieux vaut donc être un assidu de la boutique pour sauter sur l'occasion.

Aux comptoirs du chineur
49, rue Saint-Paul, 4ᵉ. Mᵒ Saint-Paul
Tél. 01 42 72 47 39
Du mardi au dimanche de 14h à 19h

Lambert Lambert

8, rue des Barres, 4e. M° Saint-Paul
Tél. 06 60 42 61 69
Du jeudi au dimanche de 12h à 19h

Le chineur du Marais

13, rue des Blancs-Manteaux, 4e. M° Hôtel-de-Ville
Tél. 01 48 04 54 46
Du mardi au dimanche de 12h à 20h

Brocéliande

20, passage Verdeau, 9e. M° Grands-Boulevards ou Le Peletier
Tél. 01 44 83 07 13
Le matin et sur rendez-vous

Complément d'objets

11, rue Jean-Pierre-Timbaud, 11e. M° Oberkampf
Tél. 01 43 57 09 28
Du mardi au samedi de 12h à 20h

La Maison

3, rue Neuve-Popincourt, 11e. M° Parmentier
Tél. 01 48 06 59 47
Du mardi au samedi de 12h à 19h30, le dimanche de 14h à 19h

5

En série limitée :
le design
dans les galeries

L e design a beau avoir pour vocation d'être produit en série, certaines créations restent quasi uniques. Un peu comme des œuvres d'art. Il est logique que certaines galeries mettent alors en parallèle les deux disciplines.

Mouvements Modernes

68, rue Jean-Jacques-Rousseau, 1er. M° Étienne-Marcel ou Louvre-Rivoli
Tél. 01 45 08 08 82
Du lundi au samedi de 9h à 19h

Fin connaisseur. Pierre Staudenmeyer a l'œil aiguisé. À la tête de la galerie Néotu pendant des années, ce marchand et théoricien du design s'est battu pour remettre à l'honneur les icônes de cet art des années 1950 à nos jours. Dans sa galerie du 1er arrondissement se succèdent aujourd'hui des expositions monographiques (Christian Biecher, Gino Sarfatti...) et thématiques ("France-Italie, une lumineuse confrontation", "Black Eighties"...). Pointure dans son domaine, l'homme se propose également de dénicher pour ses acheteurs les créations de leurs rêves.

Haute Définition

4, passage du Grand-Cerf, 2e. M° Étienne-Marcel
Tél. 01 40 41 16 00
Du lundi au samedi de 8h30 à 20h

En vitrine. Sabine Sautter gagne sa vie en imaginant des objets de communication. Depuis 2000, cette passionnée de design multiplie les casquettes et profite de ses vitrines donnant sur le passage du Grand-Cerf pour organiser des expositions didactiques. Histoire de montrer aux passants ce qu'elle aime. Les badauds du coin se sont donc fait l'œil, d'une part, en s'arrêtant devant des centres de tables imaginés par Enzo Mari, Ettore Sottsass, Arik Levy ou Alfredo Haberli, d'autre part, en contemplant une vingtaine de luminaires signés Ingo Maurer, Achille Castiglioni, Michele de Lucchi, Ron Arad... autant d'hommages à Thomas Edison, créateur de l'ampoule à incandescence en 1879. "Mes vitrines permettent de raconter une histoire, se félicite-t-elle, et je suis contente de voir qu'à toute heure de la journée, petits et grands s'arrêtent."

Galerie Bénédicte Siroux-Taqi

7, rue Froissart, 3e. M° Saint-Sébastien-Froissart
Tél. 01 40 29 02 00. www.bsirouxtaqi.com
Du mardi au samedi de 14h à 18h30

Impromptu. Quel que soit le thème de l'exposition, la tenante des lieux s'efforce de glisser quelques œuvres de designers. Par exemple, lorsqu'elle consacre une exposition sur les États-Unis, elle dévoile des pièces de Pucci de Rossi et de Mattia Bonetti.

Galerie Dominique-Fiat

16, rue Cout-Saint-Gervais, 3e. M° Filles-du-Calvaire ou Chemin-Vert
Tél. 01 40 29 98 80. www.galeriefiat.com
Du mardi au samedi de 11h à 19h

Hors norme. Certes l'art contemporain demeure sa préoccupation principale, mais cela n'empêche pas Dominique Fiat de consacrer quelques expositions au design. Pour preuve, à l'ouverture de sa galerie restructurée en septembre 2004, elle a exposé le travail du designer Robert Stadler, fondateur en 1992 du collectif Radi Designers, qui s'amuse à brouiller toutes les catégories usuelles de classification des objets.

QUAND ART CONTEMPORAIN ET DESIGN FONT LA FOIRE !

LE rendez-vous parisien de l'art contemporain, la Fiac (Foire internationale d'art contemporain) a ouvert ses portes au design en 2004. Là, quelques marchands triés sur le volet (Patrick Seguin, Jousse Entreprise, Galerie Down Town…) exposent leurs trouvailles. Histoire de prouver que les créations d'une Charlotte Perriand, d'un Gino Sarfati ou d'un Ron Arad peuvent rivaliser avec les œuvres d'art.

Fiac (Foire internationale d'art contemporain)
Parc des expositions, porte de Versailles. www.fiac-online.com

Tools Gallery

119, rue Vieille-du-Temple, 3e. M° Filles-du-Calvaire
Tél. 01 42 77 35 80
Du mardi au vendredi de 11h à 13h et de 14h30 à 19h, le samedi de
11h à 19h

Total expo. Le droit mène à tout, même au design. La preuve, Loïc Bigot, ancien avocat, a tout plaqué en 2003 pour ouvrir un lieu à mi-chemin entre la boutique et la galerie. Sa particularité ? Faire découvrir l'œuvre d'un designer dans sa globalité, du dessin au produit fini, de la série limitée à la pièce industrielle. On déambule ainsi à la découverte des différents aspects du travail des Radi Designers, de Florence Doléac, de Marcel Wanders... que l'on peut ensuite s'offrir. Au hasard, on craque devant Flames, un étonnant bougeoir à trois branches fonctionnant au gaz signé Moooi ou les poteries en céramique mat de Hela Jongerius. "Ici, je n'expose et ne vends que des objets, ils sont plus faciles à s'approprier que les meubles" confie le maître des lieux. Et, heureusement pour nous, bien plus abordables !

Modem

74, rue Quincampoix, 4e. M° Les Halles ou Rambuteau
Tél. 01 42 72 40 54. www.modemonline.com
Du lundi au vendredi, sauf mercredi, de 10h à 18h et sur rendez-vous

Très pro. Cette galerie était d'abord réservée à l'organisation de soirées professionnelles, notamment celle du lancement du guide *Modem*, un guide de design assez confidentiel. Depuis 2003, elle organise quatre à six expositions par an consacrées aux designers actuels. Y ont déjà été mis en avant : Ascète, Laurence Brabant, Sophie Mallebranche, Pippo Lionni, Karoll Pichler... N'hésitez pas à demander le programme.

Galerie Aline-Vidal

70, rue Bonaparte, 6ᵉ. M° Saint-Germain-des-Prés ou Saint-Sulpice
Tél. 01 43 26 08 68. www.alinevidal.com
Du mardi au samedi de 14h à 19h

Pour elle. Seule designer résidente dans cette galerie d'art : Florence Doléac mène depuis 2003 une carrière en solo (elle a contribué à la formation du collectif Radi Designers). On peut donc découvrir ici son "biscuit en couvercle", ou gâteau à placer au sommet de la tasse qui absorbe et conserve la chaleur du café, son étendoir aux allures de toile d'araignée géante, ou encore sa table qui se démonte et se transporte comme une valise à roulettes. Des créations qui oscillent entre œuvre d'art et produit industriel.

Galerie des Saints-pères

19, rue des Saints-Pères, 6ᵉ. M° Saint-Germain-des-Prés
Tél. 01 55 04 89 10. www.stpere.com
Du mardi au samedi de 11h à 13h et de 14h à 19h

Exclusive. Au fond d'une cour pavée au charme désuet, un éblouissant vestibule rose fluo. Aux pieds des escaliers, sous des charpentes métalliques, un loft blanc illuminé par la verrière. Dans ce lieu créé par l'architecte d'intérieur Rémi Tessier en 2002, quatre à cinq expositions d'art contemporain et de design se succèdent chaque année. On y a découvert une monographie de Tom Dixon, un hommage aux designers Hans J. Wegner, Arne Jacobsen, Poul Kjaerholm et une rétrospective des œuvres éditées par Vitra. À suivre.

En attendant les Barbares

35, rue de Grenelle, 7ᵉ. M° Rue-du-Bac
Tél. 01 42 22 65 25. www.barbares.com
Le lundi de 15h à 19h, du mardi au samedi de 11h à 19h

Une cohabitation civilisée. Depuis 1983, artistes et designers cohabitent chez cet éditeur mythique, le premier à avoir édité le tandem emblématique des années 1990, Garouste et Bonetti. Tandis que les premiers n'hésitent pas à mettre la main à la pâte lors de la fabrication, les seconds (Christian Ghion, Christian Biecher, Arik Levy entre autres) supervisent la réalisation de leurs créations. Mais tous s'amusent à dessiner tables et luminaires, qui trônent ici côte à côte. Une façon de brouiller les frontières entre art et design.

Bo Plastic

31, rue de Charonne, 11e. M° Bastille ou Ledru-Rollin
Tél. 01 53 36 73 16
Du lundi au samedi de 12h à 19h30

Mix. Même si cette galerie au look un peu vieillot axe ses expositions (5 à 6 par an) sur le Post-War Design, elle met aussi à l'honneur les nouvelles générations. On y a notamment découvert le duo Entre toi (créateur du module Immersion, un fauteuil aux allures de baignoire dans lequel on se prélasse pour écouter et ressentir les vibrations de la musique qu'il diffuse), ou bien les créations de Cooked in Marseille, inspirées des années 1970 (les poufs Malabar à assembler pour constituer un canapé, les ampoules carrées ou les fameuses tasses à café molles en silicone). La relève est assurée !

Cédille

38, rue de Cîteaux, 12e. M° Faidherbe-Chaligny
Tél. 01 40 09 17 69. www.cedille.biz
Le jeudi et le samedi de 14h à 19h et sur rendez-vous

Drôles d'idées. L'agence d'architectes Naço, installée à quelques encablures de là, profite de sa galerie pour exposer des artistes contemporains mais aussi pour mettre en scène ses créations – conçues dans le cadre de ses projets d'architecture. On peut ainsi s'offrir les fauteuils imaginés pour les salles Pathé. Histoire de visionner un film à la maison comme au cinéma.

Galerie Magda-Danysz

19, rue Émile-Durkheim, 13e. M° Bibliothèque-François-Mitterrand
Tél. 01 45 83 38 51. www.magda-gallery.com
Du mardi au vendredi de 11h à 19h, le samedi de 14h à 19h

Mère-poule. S'installer aux pieds de la Grande Bibliothèque alors que le quartier était encore en friche, mettre en lumière la passerelle entre l'art contemporain et le design… Magda Danysz s'est lancée dans l'aventure depuis 1999. Dans sa galerie, cette jeune polonaise organise une petite dizaine d'expositions par an, tour à tour d'art contemporain et de design. Son credo ? Promouvoir de jeunes artistes et des designers encore inconnus du grand public et leur permettre de trouver un éditeur. C'est ainsi qu'elle a exposé pour la première fois le jeune designer Jérôme Barrier (voir Elaïs, p. 46).

Galerie Kreo

22, rue Duchefdelaville, 13e. M° Chevaleret
Tél. 01 53 60 18 42. www.galeriekreo.com
Du mardi au vendredi de 14h à 19h, le samedi de 11h à 19h

Espace-laboratoire. Non loin de la rue des galeries d'art du 13e arrondissement (la rue Louise-Weiss), Didier Krzentowski, expert en design, a installé en 1999 un lieu dédié au travail de recherche des designers actuels. On y découvre donc en exclusivité les réalisations des frères Bouroullec, de Martin Szekely et de Ron Arad. Autant de pièces exceptionnelles diffusées en toute petite série (autour de vingt exemplaires). Cet espace accueille aussi régulièrement des expositions thématiques (métal, bureaux, miroir, design en Italie…) ou monographiques (les trois designers précités, Alessandro Mendini, François Bauchet…), à raison d'une toutes les six semaines. Autant de bonnes occasions pour se familiariser avec la discipline.

LE DESIGN DANS LES MUSÉES

Le musée des Arts décoratifs

En attendant la réouverture du département design prévue pour 2006, faites un tour à la boutique du musée. Sa nouvelle configuration met à mal le concept un peu usé des traditionnelles échoppes de musée. Les inévitables carterie et librairie (bien fournie en éditions du monde entier) sont toujours là certes, mais des espaces marchands consacrés à la parure féminine et à l'art de vivre, surtout, ont fait leur apparition.

Là, le styliste de décoration François Bernard a sélectionné des objets marquants : du service Pont-aux-choux en céramique du XVIIIᵉ siècle au lustre en cristal noir dessiné par Philippe Starck pour Baccarat, en passant par la vaisselle de la manufacture Nymphenburg revisitée par Helle Jongerius… Toutes ces pièces, exposées chronologiquement, balayent donc deux siècles de créations. Comme le ferait un musée, en somme.

107, rue de Rivoli, 1ᵉʳ. Mᵒ Louvre-Rivoli

Tél. 01 42 60 64 95

Du lundi au dimanche de 10h à 19h

Centre Georges-Pompidou

Une collection riche de près de 2 000 œuvres qui retracent l'histoire du design, de Charlotte Perriand aux frères Bouroullec en passant par Ron Arad. Pléthore de créations produites en série – "le principe fondateur étant qu'aucune pièce ne devait être étrangère à la volonté, réalisée ou non, de son créateur de la produire à des milliers d'exemplaires" – s'exposent tour à tour dans les salles du centre. Installée en mezzanine, une petite boutique survole notre sujet de À à Z. On y trouve, d'un côté, des classiques du genre, tels la lampe Eclisse de Vico Magistretti (115 €), le fauteuil Ball d'Eero Aarnio ou le téléviseur Brionvega (700 €). Et de l'autre, des créa-

tions nettement plus contemporaines, comme les chaises du Français Aïtali (600 €). En Plexiglas imprimé dans la masse, elles révolutionnent leur monde car, comme le résume leur créateur, "le mobilier avait une fonction précise, nous lui ajoutons aujourd'hui une mission."
Place Georges-Pompidou, 4ᵉ. Mᵒ Rambuteau
Tél. 01 44 78 12 33. www.centrepompidou.fr
Du mercredi au lundi, de 11h à 22h

Fnac
La mission du Fnac, le Fonds national d'art contemporain ? Acquérir chaque année des œuvres issues des univers de la photo, des arts plastiques et du design pour le compte de l'État. Et, afin de promouvoir la création contemporaine, les prêter ensuite aux différentes expositions organisées à travers le monde. C'est ainsi qu'en 2004, plus de 2 000 objets (chaises, vases, luminaires…) ont été mis en scène par le designer Konstantin Grcic dans l'expo intitulée "Design en stock", organisée au palais de la Porte Dorée. L'expérience sera-t-elle réitérée ?
www.fnac.culture.gouv.fr

Fondation Cartier pour l'art contemporain
Le design n'est pas sa préoccupation première, certes. Néanmoins, la fondation y consacre de temps en temps des expositions (en 2004, le projet Kelvin 40, un jet privé imaginé par Marc Newson). 261, boulevard Raspail, 14ᵉ. Mᵒ Raspail ou Denfert-Rochereau
Tél. 01 42 18 56 50. www.fondation.cartier.fr
Du mardi au dimanche de 12h à 20h

Le Palais de Tokyo
D'abord, on se pâme devant l'aspect brut de décoffrage du lieu, ensuite on boit un coup avachi dans un fauteuil posé sur une peinture au sol de Michael Lin, enfin, on s'en met plein les neurones en bouquinant à l'espace librairie. Et de temps en temps, on s'extasie devant une expo consacrée au design…
13, avenue du Président-Wilson, 16ᵉ. Mᵒ Alma-Marceau
Tél. 01 47 23 54 01. www.palaisdetokyo.com
Du mardi au dimanche de 12h à 24h

6

Autour du design

Lire

Librairie des Archives

83, rue Vieille-du-Temple, 3e. M° Filles-du-Calvaire
Tél. 01 42 72 13 58. www.librairiedesarchives.com
Du mardi au samedi de 12h à 19h

Découvertes. Perché au sommet de son escabeau, Stefan Perrier, jeune et fin connaisseur, brandit LE livre de vos rêves. Pas étonnant : dans sa minilibrairie ouverte en 2002 et consacrée à l'art en général, le design tient une place d'honneur avec une tripotée de monographies des plus grands (Jean Prouvé, Charlotte Perriand, Verner Panton...) et de livres épuisés.

Taschen

2, rue de Buci, 6e. M° Odéon
Tél. 01 40 51 79 22. www.taschen.com
Du lundi au dimanche de 11h à 20h, le vendredi et le samedi jusqu'à 24h

Quasi exhaustif. Vous saurez tout, tout, sur le design. Charlotte et Peter Fiell sont les spécialistes du design chez cet éditeur. La preuve, ils publient régulièrement des bouquins consacrés ici, au design industriel, là, aux chaises ou encore au design scandinave. Une véritable mine d'informations illustrées à prix doux et mise en scène dans une installation signée Philippe Starck.

7L

7, rue de Lille, 7e. M° Saint-Germain-des-Prés ou Rue-du-Bac
Tél. 01 42 92 03 58
Du mardi au samedi de 10h30 à 19h

Un 7 pour le numéro de la rue, un L pour Lagerfeld... vous êtes ici dans la librairie du célèbre couturier ouverte en décembre 1999. Là, des bouquins consacrés à la mode bien sûr, mais aussi un rayon design fourni. Aux côtés des ouvrages généraux, trône un bon nombre de monographies balayant toute l'histoire du design français (Charlotte Perriand, Pierre Paulin, les frères Bouroullec, Martin

Szekely…). Mais pas seulement. La boutique tient à montrer ce qu'il se trame aussi hors de nos frontières. Elle propose donc un bon nombre de livres en VO : chaises contemporaines portugaises ou collection éditée par le musée du Design d'Amsterdam… De quoi satisfaire une clientèle composée à 70 % d'étrangers.

Librairie de l'ameublement et de la décoration

23, rue Joubert, 9e. M° Havre-Caumartin ou Trinité-d'Estienne-d'Orves
Tél. 01 42 82 09 21. www.librairiedelameublement.com
Du lundi au vendredi de 12h à 19h

Home sweet home. Consacrée à la maison et à son aménagement, cette librairie propose également un petit rayon de bouquins portant sur le design.

INTRAMUROS, LA BIBLE DES FÉRUS DE DESIGN

Toute l'actualité internationale du design – nouvelles créations de meubles et d'objets, portraits de designers, expositions… – est abordée dans *Intramuros*, magazine bilingue (français-anglais) bimensuel créé par Chantal Hamaide en 1985. Une référence. Dans les librairies spécialisées et sur www.intramuros.fr

---

Images Modernes

11, rue Louise-Weiss, 13e. M° Quai-de-la-Gare
Tél. 01 45 70 74 20. www.imagesmodernes.com
Du mardi au samedi de 11h à 19h

Art et design. Située à deux pas de la galerie Kreo, cette librairie s'est associée à celle-ci pour éditer quelques livres consacrés à des designers contemporains (Martin Szekely, Ronan et Erwan Bouroullec), qui côtoient des titres consacrés à la création actuelle.

Surfer

Tapez "design" sur Google et plus de trois millions de réponses apparaissent. Parmi cette multitude de sites, en voici quelques-uns qui valent bien quelques clics. N'hésitez pas à vous inscrire sur les newsletters, le meilleur moyen de se tenir informé.

www.designaparis.com

Un site, remis à jour mensuellement, pour être au courant des ouvertures de nouvelles boutiques, des événements design dans la capitale et découvrir les étoiles montantes de la discipline.

www.designboom.com

Une mine d'infos sur ce site en anglais... Des biographies de designers (complétées par l'adresse de leur site perso et des marques qui ont édité leurs créations), des interviews, des historiques (du rocking-chair, de la lampe de bureau...), des compétitions lancées par le site. Idéal pour les fanas de design.

www.placeaudesign.com

Un site pédagogique pour comprendre le design et appréhender le métier de designer.

www.tribu-design.com

Se faire l'œil, découvrir les créations d'hier et d'aujourd'hui par types de produits, par éditeurs ou par créateurs... En un clic s'affiche l'image du produit accompagné et, s'il existe, d'un lien vers le site de l'éditeur. Une navigation éducative.

www.resetdesign.com

Chroniqueur design sur *Pink TV*, membre du comité d'acquisition du Fond national d'art contemporain département design et rédacteur en chef de l'émission "Paris Design" sur *Paris Première*... le design ça le connaît, c'est indéniable. Anthony van den Bossche vient de réaliser ce site Internet, histoire de mettre en ligne l'actualité de son sujet favori. On navigue donc parmi près de 1 000 objets classés par univers (art de la table, nomade, chambre...), par style (fonctionnel, hybride, nostalgique...), par département (luminaire, couverts, table...), mais on découvre aussi les actualités des salons à travers le monde, des designers (de Jasper Morrison à Satyendra Pakhalé en passant par Patricia Urquiola), ou des éditeurs (Magis, FR66, Vitra...). À vos claviers !

Acheter en ligne

www.madeindesign.fr

Envie de vous offrir un meuble ou un objet design en ne déplaçant que votre souris ? Cliquez donc sur ce site. Là, une recherche par catégories : par type d'objets (la cuisine s'amuse, plateaux déco, ludique & insolite...), par designer (Le Corbusier, Karim Rashid, Marc Newson...) ou par marque (Alessi, Foscarini, XO...). Bref, c'est facile à utiliser et il ne faut que 48 heures pour que ça trône dans votre salon. Le luxe, quoi.

www.lacorbeille.fr

Fans de 100drine, à vos claviers ! Sur ce site commerçant, ce sont tous les mugs, les assiettes, les tasses à thé ou à café... Bref, la vaisselle aux motifs naïfs de 100drine qui, d'un clic, s'envolent vers votre table. Trop facile de mettre de la couleur dans ses repas !

www.objectsby.com

Inconditionnels de Starck, ce site est pour vous. En quelques clics, il offre un accès à toute la création du plus populaire des designers français actuels. Tables, chaises, livres, radios... il y en a pour tous les goûts avec, en prime, quelques objets neufs qui ne sont plus édités. Des raretés en somme.

www.petiteplanet.com

Dénicher un objet en céramique ou en métal, de couleur rouge ou bleu, conçu pour décorer ou pour cocooner... il suffit de sélectionner ces différents critères pour qu'apparaissent des objets recensés sur ce site.

Index

Dans la même collection

ISBN 10 : 2-84096-382-5
ISBN 13 : 978-2-84096-382-0
Dépôt légal : avril 2005
Achevé d'imprimer en février 2006
dans les ateliers de Sagim-Canale, à Courtry
N° d'impression : 9159

Avec la collaboration de Véra Senesi